总第6卷 第1辑（2019）

盛京法律评论

SHENGJING LAW REVIEW

主编 杨松 郭洁

主办 辽宁大学法学院

知识产权出版社
全国百佳图书出版单位

图书在版编目（CIP）数据

盛京法律评论．总第6卷，第1辑．2019/杨松，郭洁主编．—北京：知识产权出版社，2019.9

ISBN 978－7－5130－6402－6

Ⅰ．①盛… Ⅱ．①杨… ②郭… Ⅲ．①法律—文集 Ⅳ．①D9－53

中国版本图书馆CIP数据核字（2019）第169723号

责任编辑： 石红华　　**责任校对：** 王　岩
封面设计： 臧　磊　　**责任印制：** 孙婷婷

盛京法律评论·总第6卷　第1辑（2019）

杨　松　郭　洁　主编　辽宁大学法学院　主办

出版发行： 知识产权出版社有限责任公司　**网　　址：** http://www.ipph.cn
社　　址： 北京市海淀区气象路50号院　**邮　　编：** 100081
责编电话： 010－82000860转8130　**责编邮箱：** shihonghua@sina.com
发行电话： 010－82000860转8101/8102　**发行传真：** 010－82000893/82005070/82000270
印　　刷： 北京虎彩文化传播有限公司　**经　　销：** 各大网上书店、新华书店及相关专业书店
开　　本： 787mm×1092mm　1/16　**印　　张：** 9.5
版　　次： 2019年9月第1版　**印　　次：** 2019年9月第1次印刷
字　　数： 130千字　**定　　价：** 48.00元

ISBN 978-7-5130-6402-6

目　录

【理论园地】

【实务研究】

【比较法视野】

【学术新声】

CONTENTS

#【理论园地】

《土地管理法》修改何以兼顾公与私

——兼评《土地管理法（修正案）》（第三次征求意见稿）*

李　蕊** 　林中天***

内容摘要：检视《土地管理法（修正案）》（第三次征求意见稿），虽然不乏亮点，但是对于十八届三中全会后，开启的新一轮土地制度改革实践的回应相对谨慎保守，在土地管制规划与国土空间规划的协同、集体经营性建设用地入市、宅基地管理制度改革、土地征收范围和程序等诸多层面还存在问题。引致作为公权的土地管理权与私权属性的土地财产权冲突抵牾，公私法益偏移失衡，滞碍了供给侧结构性改革推进和土地制度改革实践发展，亟待完善。

关键词：土地管理法修改　土地权利社会化　土地财产权　土地管理权

---

* 本文系研究阐释党的十九大精神国家社科基金专项课题“农地三权分置的实践探索与法律表达”（18VSJ061）、2018 年北京市社会科学基金项目“京津冀农地金融精准扶贫的法律障碍及克服”（18FXB009）、中国政法大学优秀中青年教师培养支持计划资助项目（DSJCXZ180408）的阶段性成果，并获得中央高校基本科研业务费专项资金资助。

** 李蕊，法学博士，中国政法大学民商经济法学院教授，博士生导师，研究方向：经济法学。

*** 林中天，中国政法大学民商经济法学院硕士研究生，研究方向：经济法学。

一、研究的缘起

土地是财富之母。作为统帅我国土地资源管理、保护、开发、利用的基本法，《土地管理法》自1986年出台之后已经历经三次修改，逐步确立了以土地公有制为基础、以用途管制为核心的土地管理基本制度，以及以土地所有权和土地使用权为核心的土地权利制度。❶但是作为土地龙头法，《土地管理法》面临着土地征收制度不完善、土地增值收益分配机制不健全、宅基地用益物权落实不完整等诸多问题，滞碍了供给侧结构性改革推进和新一轮土地制度改革实践发展。

良法乃是善治之前提。2019年1月有关部门就《土地管理法（修正案）》（第三次征求意见稿）（以下简称第三次征求意见稿）征求意见。本次修法增设了土地督察和永久基本农田保护制度，一定程度改进了征收补偿标准和征地程序，有限度地允许集体经营性建设用地不经征收进入建设用地市场，并为后续土地制度改革预留了口子。但是，修法对于十八届三中全会后开启的新一轮土地制度改革实践回应相对谨慎保守，在立法理念和立法技术等层面都有待提高。相较于第一次征求意见稿、第二次征求意见稿总体更是趋于稳健，对既有制度总体突破不大。❷不仅宅基地"三权分置"政策未在修法中予以体现，集体经营性建设用地入市、宅基地使用权取得退出、土地征收范围和程序等诸多条款设置亦难言妥当，引致作为公权的土地管理权与私权属性的土地财产权冲突抵牾，公益与私益偏移失衡。

---

❶ 参见高圣平、刘守英：《土地权利制度创新：从〈土地管理法〉修改的视角》，《经济社会体制比较》2010年第3期，第57页。

❷ 早在2005年第十届全国人大常委会就将该法的再次修订正式纳入立法规划。在总结全国土地管理制度实践以及三十三个县（市区）农村土地征收、集体经营性建设用地入市与宅基地管理制度改革试点经验的基础上，2017年5月国土资源部正式发布《土地管理法（修正案）》（征求意见稿）并公开征求意见。

二、土地管制规划与国土空间规划的协同

土地规划乃是土地管理的龙头。土地管理的前提是科学合理的规划设定，土地管理的过程需要以严格依照规划执行为原则，以特殊情形下依法对于规划的调整为例外。这就要求规划的制定需要具有统一性、严肃性、前瞻性和科学性。长久以来，我国规划体系纷繁复杂，国家发展规划、城市总体规划、土地利用总体规划、主体功能区规划、环境保护规划等对土地都有所涉及，但在制定主体、实施期限、功能定位、技术规范等方面又有所冲突，造成土地规划管理工作效率低下，阻碍了经济社会建设。不仅如此，随着社会发展，土地利用已经由平面向立体化、空间化延展。这一变化在《物权法》对建设用地使用权的界定以及对土地出让合同主要条款规定、《不动产登记暂行条例》及其实施细则对不动产单元的界定等已然有所体现，土地管理法修订需要对此有所回应。

自 2014 年以来，国家多部委联合发布《关于开展市县“多规合一”试点工作的通知》，加速推进“多规合一”，提出“一个市县一本规划”，“探索完善市县空间规划体系，建立相关规划衔接协调机制”。2018 年《深化党和国家机构改革方案》组建自然资源部，整合各部门规划管理职责，意在实现国土空间规划的统一制定和管理。《中共中央关于全面深化改革若干重大问题的决定》提出，要“建立空间规划体系，划定生产、生活、生态开发管制边界，落实用途管制”。2018 年中央全面深化改革委员会第四次会议审议通过《关于统一规划体系更好发挥国家发展规划战略导向作用的意见》，提出“强化空间规划的基础作用”，“强化规划衔接协调”。从以上重大政策决定可见，做好顶层设计，尽快实现多规合一，制定含蕴土地利用规划内容的国土空间规划迫在眉睫。第三次征求意见稿关注到土地利用规划与国土空间规划协调的问题，并在第十八条将“落实国土空间开发保护要求，严格土地用途管制”规定为土地利用总体规

划编制的首要原则。强调“经依法批准的国土空间规划是各类开发建设活动的基本依据”，并提出“已经编制国土空间规划的，不再编制土地利用总体规划和城市总体规划”。

基于文义解释，国土空间规划与土地利用总体规划、城市总体规划乃是替代关系，但当前处于过渡期，在编制国土空间规划的同时，第三次征求意见稿没有明确废止既有的涉土地规划的效力，引致多规并存可能产生多规重叠的问题。建议：（1）应统一在“土地利用总体规划”之后增加“或国土空间规划”，使表述更加严谨，让已编制国土空间规划而不再编制土地利用总体规划的地区有法可依。（2）为保证在空间开发保护中起基础作用的国土空间规划有法可依，要加快《国土空间规划法》的立法进度，提升其在全国人大立法规划中的优先顺位。《国土空间规划法》可以从统一规划期限、统一技术规范、共享规划数据等方面促进多规合一。（3）对于在编制国土空间规划之前已经编制土地利用总体规划，导致“两规”并存的，为避免“两规”关涉土地管理的相关内容发生冲突，需要明定此种情况下土地利用总体规划的效力，相关条款可以表述为“已经编制国土空间规划的，土地利用总体规划和城市总体规划停止适用”。

三、集体经营性建设用地入市

本次土地管理法修法的亮点之一“总结试点地区经验”，删除了“任何单位和个人进行建设，需要使用土地的，必须依法申请使用国有土地”以及“农民集体所有的土地的使用权不得出让、转让或者出租用于非农业建设”等规定，明确允许集体经营性建设用地入市，并对于入市条件和程序进行规定。

（一）集体经营性建设用地入市方式有待丰富

第三次征求意见稿第63条将集体建设用地入市范围限缩于符合“县级土地利用总体规划、乡（镇）土地利用总体规划确定为工业、商业等经营性用途，并经依法登记的集体建设用地”，规定前述土地的所有权人“可以通过出让、出租等方式”流转其建设用地使用权。笔者认为本条对集体经营性建设用地所有权人的土地使用权权能表述不充分。(1）既然立法允许集体经营性建设用地使用权出让，举重以明轻，理应允许入股、互换、赠与等方式流转。而且第三次征求意见稿第60条和《中共中央关于全面深化改革若干重大问题的决定》均允许农村集体经济组织用集体建设用地使用权“入股”与其他单位、个人共同举办企业。(2）第三次征求意见稿第64条已然明确，流转后取得集体经营性建设用地使用权的主体有权以转让、转租、互换、出资、赠与、抵押等方式处置该权利，理应明确允许集体经营性建设用地所有权人以多种方式处置使用权。

（二）集体经营性建设用地入市范围有待束限

不宁唯是，集体经营性建设用地入市还要注意与第60条衔接的问题。对于入市集体经营性建设用地必须限于存量用地。根据第60条之规定，农村集体经济组织持有关批准文件依法向有审批权限的地方人民政府（涉及占用农用地的向国务院）依法办理审批手续，可使用乡（镇）土地利用总体规划确定的建设用地兴办企业或者与其他单位、个人以土地使用权入股、联营等形式共同举办企业。在存量集体经营性建设用地不足的情况下，为获取流转收益，农村集体经济组织完全有动力通过使用乡（镇）土地利用总体规划确定的建设用地特别是占用农用地兴办企业，或者与其他单位、个人以土地使用权入股、联营等形式共同举办企业，从而取得集体经营性建设用地使用权。建议立法将入市的集体经营性建设用地限定于存量。

（三）集体经营性建设用地入市收益分配机制有待构建

令人遗憾的是，第三次征求意见稿删除了第二次征求意见稿“按照前款规定将集体经营性建设用地使用权交其他单位或者个人用于非农业建设的，应当向县级人民政府缴纳土地增值收益调节金，用于农村基础设施建设”的规定。“始终把保障农民权益放在首位”“增加农民财产性收入”固然要保障被征地人合理分享土地增值收益，但并不意味着增值收益就可以全部归于具体那块土地的权利人。集体经营性建设用地入市的土地增值收益包含了政府的基础设施投入、受土地用途管制地区的土地发展权等因素，不应全部由出让集体土地的所有权人享有。此外，保留土地增值收益调节金与党的十八届三中全会中提出的建立“兼顾国家、集体、个人的土地增值收益分配机制”相契合，且在“三块地”改革试点中已有成效。

以土地增值收益调节金，抑或土地增值收益调节税的形式来实现土地增值收益共享的路径没有问题。关键是如何着眼于公权与私权、公益与私益的平衡，科学合理地设定和约束收益的征收权。笔者认为第二次征求意见稿将土地增值收益调节金征收权赋予县级政府，将土地增值收益调节金的征收办法制定权赋予省级政府的做法需要考量。在地方财权尚不充分且财政约束尚不健全的前提下，财政机会主义行为的衍生难以避免，继土地出让金之后，土地增值收益调节金可能成为地方财政增收又一工具。作为理性经济人，地方政府当然具有以行政手段推动集体经营性建设用地使用权流转的动力。这必然有碍于土地市场秩序的稳定、集体土地权益的保障，乃至土地管理制度改革。

为实现土地增值收益公平分享，笔者建议土地增值收益调节金的征收办法制定权必须由国务院统一行使。同时，着眼于汲取国有土地出让金管理之教训，应完备立法规范具体土地增值收益调节金收支行为，明确将其纳入预算约束范畴，并强化财政及社会审计监督。[1] 对于地方政府集体经营性建设用地的出让金使用和分配也要提供规范指引。

---

[1] 参见李蕊：《中国需要一部怎样的〈土地管理法〉》，《中国经济报告》2018年第7期，第52页。

四、宅基地使用权管理

检视既有立法，对于宅基地使用问题的规定不多，主要有《宪法》第10条第4款、《土地管理法》第8条和第62条、《物权法》第152条至155条以及《担保法》第37条。主要涵括以下维度：（1）宅基地无偿分配给农民使用，具有无偿性和福利性；（2）确立“一户一宅”制度，农民依申请取得宅基地；（3）宅基地主要用于建造住宅，也包含与居住、生活有关的其他建筑和配套设施；（4）宅基地使用权取得、行使、转让，依据“国家有关规定”，受《土地管理法》和《物权法》的约束，但对出卖、出租住房导致宅基地使用权被动转移并未禁止；（5）对于受让宅基地上住房的对象，并未有具体限制。

相关政策性文件对宅基地使用问题做出了更具体的规定，自1999年国务院办公厅出台《关于加强土地转让管理严禁炒卖土地的通知》规定：“农民的住宅不得向城市居民出售，也不得批准城市居民占用农民集体土地建住宅，有关部门不得为违法建造和购买的住宅发放土地使用证和房产证。”此后，一系列政策性文件也进一步对宅基地使用权和宅基地上的房屋转让做出限制。

2008年10月，《中共中央关于推进农村改革发展若干重大问题的决定》提出了“依法保护农户宅基地用益物权”，确立宅基地使用权流转的政策导向。随后，在各地农村宅基地改革试点中，宅基地使用权流转逐步放开，突破了原有政策规定，出现出租、转让、抵押等多种方式，呈现出农村宅基地使用权流转多元化态势。2018年1月中共中央出台《中共中央国务院关于实施乡村振兴战略的意见》正式提出了宅基地“三权分置”的政策，并将其表述为“所有权、资格权、使用权‘三权分置’”，强调“落实宅基地集体所有权，保障宅基地农户资格权和农民房屋财产权，适度放活宅基地和农民房屋使用权”。

（一）宅基地使用权取得程序有待完备

无可置疑，我国《物权法》第153条关于“宅基地使用权的取得、行使和转让，适用土地管理法等法律和国家有关规定”之授权，实然为《土地管理法》的修改创设了腾挪空间，但令人遗憾的是，第三次征求意见稿对于宅基地管理制度调整有限，只是将宅基地审批权限下放至乡镇。对于宅基地三权分置政策也没有回应，甚至删除了第二次征求意见稿第62条第3款中关于“农村村民申请宅基地的，依法经本集体村民代表会议同意”的程序。

宅基地乃是农民的基本生活保障，我国宅基地使用权的分配体现了身份性、福利性、无偿性的特点，只有本集体成员才能无偿取得宅基地，并无期限地使用宅基地。[1] 一个符合我国现实社会需要的农村宅基地使用权法律制度，既不可能由其他制度取代其保障功能以实现最基本的社会公平，又不能完全不顾及宅基地制度的利用效率。[2] 申言之，当下，我国宅基地使用权乃是身披私权外衣的社会保障的替代品，其取得所奉行的自然不可能是私法逻辑。[3] 基于农村社会保障体系尚未充分建立之背景，《土地管理法》等立法约束农民宅基地使用权处分行为，也正是着眼于土地资源保护和宅基地权利人利益之考量，自有其正当性。为避免农村宅基地改革方面可能出现的偏差，习近平总书记在主持召开的十九届中央全面深化改革领导小组会议上强调：“要严守土地公有制性质不变……不得以买卖宅基地为出发点。”故而设置宅基地使用权设立审批制度的宗旨正是基于控制宅基地的用地规模、促进保护和节约集约利用土地资源。

但是，若过于强调审批的作用，不仅极易漠视集体土地所有权

---

[1] 高圣平：《宅基地制度改革试点的法律逻辑》，《烟台大学学报（哲学社会科学版）》2015年第3期，第25页。

[2] 刘俊：《农村宅基地使用权制度研究》，《西南民族大学学报（人文社科版）》2007年第3期，第119页。

[3] 参见朱庆育：《民法总论》，北京大学出版社2013年版，第464页。

人的意志，而且若上级人民政府对具体宅基地申请原因情况无法准确掌握，则审批往往流于形式，无法达到预期的目标。故而第二次征求意见稿选择一方面宅基地审批权下放到乡、镇层面，另一方面增设了宅基地使用权设立的集体同意的程序。《物权法》第59条第1款规定“农民集体所有的不动产和动产，属于本集体成员集体所有”。质言之，宅基地使用权乃是于集体土地所有权上设定的负担，在宅基地分配中发挥肯綮作用的应为集体土地所有权人的意志，经民主设定程序本集体成员有权取得宅基地使用权。正是基于此，第二次征求意见稿在乡镇人民政府审批之前设置一个前置性程序——依法经本集体村民代表会议同意是完全必要的，这项程序在各地方宅基地审批实践中也被广泛采用。[1] 但是，考虑到我国农村情况复杂，村民代表会议容易被少数人暗箱操作，因而有必要将该条款在第二次征求意见稿的基础上进一步修改为“农村村民申请宅基地的，依法经本集体经济组织村民大会或村民代表会议同意后，由乡（镇）人民政府审核批准”，把取得宅基地的集体同意程序也一并交由村民自治。

在实践中，囿于政府监督不到位，即便采取这种严格的审批和集体同意程序，也难以杜绝村干部以权谋私、越权批地的现象。[2] 因此，宅基地使用权取得程序应该与村民自治实践结合起来，进一步贯彻农民参与机制，不仅要使农民有权参与决策，还要让农民成为监督者，把农民监督贯彻到宅基地使用权设定的各个环节。应当继续加强宅基地申请的公开与相关批准决定的公示制度。村民委员会在收到村民宅基地的适用申请后，应当将申请书张贴于村务公开栏，使其他村民知晓并了解申请内容，为村民会议召开作准备。同时，村民会议做出决定后也应当将决定的内容按照规定张榜公示，以接受申请人和其他村民的监督，保持信息的公开和透明。

---

[1] 参见《河北省农村宅基地管理办法》第8条，《浙江省实施〈中华人民共和国土地管理法〉办法》第36条，《关于加强农村宅基地管理的意见》（国土资发［2004］234号）第6条。

[2] 参见袁震：《中国农村土地五权制度研究》，法律出版社2018年版，第346页。

（二）宅基地使用权退出制度有待延展

延续前两次征求意见稿的精神，第三次征求意见稿对于宅基地退出进行了规定：“国家鼓励进城落户的农村村民依法自愿有偿退出宅基地”。但是这一规定显然过于原则，并没有明定有偿退出的资金来源和退出后的宅基地的归属及处置等。相较之下，第一次征求意见稿“腾退出的宅基地可以由本集体经济组织与宅基地使用权人协商回购，主要用于满足本集体内部的宅基地再分配，或者根据国家有关规定整理利用”的表述虽然不完备，但在退出方式、退出的宅基地处置进行了有益探索。

结合现有的试点经验，笔者认为第三次征求意见稿应从分类处理、补偿方式、资金来源、退出宅基地处置、农民参与等五个方面完善宅基地自愿退出制度。

（1）首先应根据宅基地取得的方式分类处理。当前宅基地有偿使用制度正在探索中，核心是把本集体经济组织成员基于生存保障需要无偿取得宅基地和超标准占用宅基地、非本集体经济组织成员取得宅基地区分开来。有偿取得的宅基地缴纳了宅基地使用费，其退出时获得补偿自无问题，资金也有所保障；而无偿取得的宅基地是集体经济组织为成员提供的生存保障，自愿退出时的补偿应限于宅基地上建筑物和附着物的估值并结合土地征收标准进行，不应包含对宅基地使用权的补偿。

（2）在补偿方式上，应综合采取货币补偿、实物补偿和社会保障、就业扶持等其他配套安置措施。对于进城落户的农民而言，宅基地换房等实物补偿方式可能更能满足其居住需求，同时配套安置措施有助于加速实现农民的城镇化。

（3）在资金来源上，应由集体经济组织以宅基地有偿使用费和宅基地复垦指标流转收益承担主要费用。同时，鼓励地方政府设立宅基地自愿退出奖励基金。

（4）在退出宅基地处置上，既可以用于集体内部的宅基地再分配，也可以将其纳入集体经营性建设用地，由集体经济组织进行开发经营，或者交由其他单位或者个人使用，建立宅基地自愿有偿退出与集体经营性建设用地入市流转的统筹衔接机制。我国传统农村地区以生活为主，乡镇企业较少，可盘活利用的集体经营性建设用地范围较小。对于这类农村地区，应将宅基地退出与集体经营性建设用地入市统筹考虑，进而盘活农村建设用地资源，为乡村振兴提供用地空间。同时，集体经营性建设用地入市所得的资金可以补充宅基地自愿有偿退出的资金。

（5）"自愿有偿"意味着尊重农民意愿，保障农民参与，使农民充分行使知情权、参与权、收益权和监督权，做到农民愿意、农民满意、农民受益。在农民与集体经济组织签订宅基地自愿退出协议时，要充分保障农民权益，对于货币补偿和房屋安置措施的选择以及相关配套的保障措施要交由农民自主与集体经济组织协商确定，同时注重信息公开，防止暗箱操作。

在自愿有偿退出之外，还应建立闲置宅基地的强制退出制度，赋予集体经济组织对空置、废弃的宅基地的收回权。宅基地强制退出涵盖空地、房屋坍塌或拆除后两年以上仍未恢复使用的宅基地、废弃无主的宅基地、经批准后两年内未建住宅且不再需要使用的宅基地等情形，同时集体经济组织应根据地上附着物的评估价格对原宅基地使用权人给予适当补偿。考虑到收回权会直接剥夺农民的财产权，既有实践中纠纷频发，所以很有必要加强闲置宅基地强制收回程序中的农民参与，并提供多种适宜农村的纠纷解决方式。

（三）宅基地超标准占用问题有待处置

第三次征求意见稿"农村村民一户只能拥有一处宅基地，其宅基地的面积不得超过省、自治区、直辖市规定的标准"的表述有待斟酌。各地农村宅基地取得时间、背景不一，需要根据不同情况区别对待。对于在实行宅基地审批制度以前取得的一户多宅或者实际面积大于省、自治区、直辖市规定的标准等历史问题应当予以考虑。

由于历史原因导致超标准占用宅基地和一户多宅的情形是具有合法性的，依据2008年7月8号国土资源部《关于进一步加快宅基地使用权登记发证工作的通知》要求，各试点地区对超标准占用宅基地和一户多宅的处置，基本遵循按照不同年代、不同情况分别进行处理的原则。建议规定“农村村民一户只能申请一处宅基地，其经依法批准的宅基地的面积不得超过省、自治区、直辖市规定的标准”。从“拥有”改为“申请”不仅体现了资格权的内涵，也为将来进一步放开宅基地的继承预留空间。对于违法占地原因导致超标准占用宅基地和一户多宅的处置要具体问题具体分析：对严重违法占用，例如以欺诈方式获取或者占用大面积耕地等情形，责令退还非法占用的土地，限期拆除在非法占用土地上新建的建（构）筑物，恢复土地原状；对拆除可能影响其他农民宅基地或者宅基地合法取得部分的情况，可通过予以罚款进行确认的方式，通过交纳宅基地使用费进行使用。

五、土地征收范围和程序

第三次征求意见稿在前一次征求意见的基础上对土地征收的相关规定做了进一步细化。关于土地征收范围，针对备受学界争议的“成片开发”，第45条增加第2款“成片开发应当符合国务院自然资源主管部门规定的标准”予以束限。关于土地征收程序，第47条第3款在土地征收民主协商的基础上明确征收协商前置，先签订土地补偿安置协议并落实费用，“方可申请征收土地”。这些修改进一步缩小土地征收范围，规范土地征收程序，但在细节上还可以再做斟酌。

（一）“成片开发”有待限缩

修法过程中，学界对第45条第5项“成片开发”多持批评态度。学者立足于土地征收的公共利益目的，质疑“成片开发建设”与公共利益欠缺必然联系，容易涵盖商品房、开发区等商业利益项目。[1] 考虑到市、县政府在实施征收的同时又参与编制土地利用总体规划，第5项“在土地利用总体规划确定的城镇建设用地范围内”的约束条件将形同虚设，“难免出现地方政府为达到征收目的而编制土地总体规划的现象，从而变相扩大征地范围”。[2] 此外，该规定“与集体经营性建设用地制度改革不协调，变相削弱了改革的力度和效果，扩大了征地范围”。[3]

笔者认为，以上批评颇有见地，但可能未准确把握立法者的意图。第45条第1至第4项属于项目征收，第5项属于成片征收，前者容易按公共利益标准考量，后者则主要考虑城市化的需求。

（1）在第一次征求意见稿中，原第44条第1款有“为了保障国家安全、促进国民经济和社会发展等公共利益的需要……可以依法实施征收”的表述，但此句在后两次征求意见稿中删除，这表明第45条在缩小土地征收范围时不再以公共利益为唯一标准。结合第5项的表述可知，其立法依据应是《宪法》第10条第1款“城市的土地属于国家所有”。

（2）从第三次征求意见稿的立法理由看，“其中成片开发可以征收土地的范围限定在土地利用总体规划确定的城镇建设用地范围内，此外不能再实施‘成片开发’征地，为集体经营性建设用地入市预留空间”，立法者注意到了土地征收范围和集体经营性建设用地入市范围的冲突。考虑到地方政府对土地财政的依赖难以迅速扭转，以及集体经营性建设用地入市收益分配机制存在的争议，此处应是有意为之，才没有一步到位把城镇建设用地范围内的集体所有土地

---

[1] 参见朱广新：《〈土地管理法〉修改中的几个重要问题》，载《中国房地产》2019年第10期，第45页。

[2] 房绍坤：《土地征收制度的立法完善——以〈土地管理法修正案草案〉为分析对象》，载《法学杂志》2019年第4期，第1页。

[3] 耿卓：《〈土地管理法〉修正的宏观审视与微观设计》，载《社会科学》2018年第8期，第93页。

都归为入市范围。

（3）从城市化的需求来看，成片开发也具备一定合理性。"'成片征收'是对同一片区的整体征收，基本不存在相邻地块相互攀比、先后征收补偿安置标准不一、遗留若干'城中村'等弊端。""相应片区可以整体规划、科学布局，前瞻性规划容易落实。"[1] 由此可见，成片征收具有项目征收不具备的优势，在我国城市化加快发展的背景下有必要予以保留。但是，第三次征求意见稿中把成片开发的标准统一收归国务院部门制定仍不够妥当。自然资源部也是政府部门且直接编制国土空间规划，由其制定成片开发标准违反权力制衡的原则。笔者建议，基于成片开发的土地征收还需经省级人大批准。

（二）征收程序有待细化

第三次征求意见稿对征收程序的步骤规定比较详细，但在听取意见和签订协议的两个环节仍有细化的空间。

（1）第47条第1款要求"听取被征地的农村集体经济组织及其成员、村民委员会和其他利害关系人的意见"，没有规定听取意见的具体程序和效果。这里可以借鉴《国有土地上房屋征收与补偿条例》第11条，当一定比例的利害关系人提出异议时必须启动听证程序，把不同意见记录作听证笔录，据听证笔录慎重考虑是否实施征收或修改补偿安置方案，并及时把修改情况予以公示。

（2）第2款"个别确实难以达成协议的，应当在申请征收土地时如实说明"的规定没有明确被征收人不签订协议时如何处理。考虑到征收本质上是公法上的行为，是公权力为了实现公共利益而进行的行为，而非必须经过平等协商达成合意的法律行为，此处"先签订协议再申请征收"就要做变通理解，应当明确赋予政府在一定

[1] 刘俊：《城市扩展加快背景下的征地制度改革》，载《江西社会科学》2009年第10期，第158页。

期限内不签订补偿安置协议时做出征收决定并强制执行的权力。当然这要建立在补偿安置协议公平合理的基础上。

综上所述，《土地管理法》的修改过程也是作为私权的土地财产权和公权属性的土地管理权的冲突与平衡的过程，其间折射出土地权利社会化的历史趋势以及对于公权的适度约束。立法需要调试把握好两者之协同关系。一方面本次修法应反映"三块地"的改革成果，赋予农民更多财产权利，促进土地法制建设和乡村振兴；另一方面要坚守土地公有制的底线，合理规划国土空间，强化耕地保护。既要实现土地增值收益共享，也要保障农民基本生存发展之权利。

How to Amend the Land Administration Law for Taking both Public and Private Interests into Account

——Comment on the Land Administration Law (Amendment) (Third Consultation Draft)

Li Rui　Lin Zhongtian

Abstract: Although there are many highlights, the third version of Draft Land Administration Law (Amendment) takes a relatively prudent and conservative attitude on the reform of land system practices launched after the Third Plenary Session of the 18th CPC Central Committee. Several fundamental systems remain ambiguous, such as the coordination between General Plan of Land and Territory Spatial Plan, entry of Rural Collectively - Owned Commercial Construction Land into the Market, the reform of Housing Land Management and the scope and procedures of Rural Land Acquisition, which triggers the conflict between public administrative power of land and private property rights of land and imbalance the relationship between public and private interests. In addition, such problems pose an obstacle on the supply – side structural reform and the reform practice of land system. Therefore, Draft Land Administration Law (Amendment) needs to be revised urgently.

Key Words: Draft Land Administration Law; Socialization of Land Rights; Property Rights of Land; Administrative Power of Land

1982 年宪法社会权保障条款研究

——基于五次修宪文本分析*

张锐智**

内容摘要：1982 年宪法是新中国第四部宪法，是指导我国在宪法轨道上进行改革开放的根本法。该宪法突出特点是非常重视公民基本权利保障。自 1988 年起该宪法进行了五次修改，产生了 52 条宪法修正案。1982 年宪法对公民社会权保障做出全新的安排，宪法修正案大大推进了公民社会权保障的改进。总结宪法修正案对公民社会权保障的特点，探求进一步完善公民社会权利宪法保障，均具有理论和实践意义。

关键词：基本权利　社会权　宪法保障　宪法修正案

1982 年宪法是我国的第四部宪法，是新中国以来最好的一部宪

---

* 本文是辽宁省社科基金项目课题“城镇化进程中新市民的社会权利保障机制研究”，(课题编号：L17AFX002）的阶段性成果。

** 张锐智，辽宁大学法学院教授，博士研究生导师，研究方向：宪法学、比较法学。

法。该宪法关于公民社会权保障制度设计，既继承了前三部宪法的基本原则和内容，又跟进时代不断创新发展完善。通过对宪法文本及五次修宪条款分析，总结现行宪法关于社会权保障条文变迁的规律特点，有助于完善我国公民社会权利的宪法保障，推进全面依法治国、依宪治国，建设社会主义法治国家。

一、1982年宪法对社会权保障的安排

社会权的概念在学术界并没有统一定义，本文依据我国加入的1966年联合国《经济、社会和文化权利国际公约》标准，将社会权定义为属于基本人权与基本自由范畴的由国家承担保障义务的公民的经济、社会、文化权利。对公民社会权给予宪法保障始于德国1919年《魏玛宪法》[1]。随着社会主义国家兴起，公民社会权宪法保障成为社会主义宪法的应有内容。1982年宪法是新中国第四部宪法，它制定于改革开放之初，是一部继往开来的宪法。在公民社会权保障方面，该宪法在继承了新中国历部宪法基本内容的基础上又创新发展了该保障体系。该保障体系中公民社会权包括：公民合法财产的所有权，公民私有财产的继承权，公民的劳动权，公民的休息权，退休人员保障权，公民受教育权，公民获得物质帮助权，公民的科学研究、文学艺术创作和其他文化活动的自由。

（一）1982年宪法关于社会权保障的理论基础

1. 人民主权理论

人民主权的思想起源于近代西方启蒙思想家在反对封建神权和君权时提出的“主权在民”的主张。马克思主义经典作家在扬弃卢

[1] 《魏玛宪法》第二编“德国人民的基本权利及基本义务”中，除了吸纳近代各国普遍规定的公民基本权利和义务外，还增加了许多有关社会、经济、文化、教育等权利的内容。参见王广辉：《比较宪法学》，北京大学出版社2017年版，第63页。

梭“人民主权”思想基础上，提出了马克思主义的人民主权学说。社会主义国家宪法则将该理论转化为宪法基本原则，该原则主要内容包括，国家的一切权力属于人民，人民是国家的主人，人民通过选举各级人民代表大会及由其产生并对其负责的政府，管理国家和社会各项事务。在人民当家作主的国家里，所有公民都享有充分的政治、经济、社会和文化权利和自由。1982年宪法再次确认了自1949年《共同纲领》确立并经1954年宪法、1975年宪法、1978年宪法传承的“人民主权”原则。此原则不仅是宪法基本原则，也是公民社会权获得宪法保障的主要法律依据。依此原则，公民的社会权可以获得宪法所确认的国体、政体、国家机构和公民基本权利等条款全方位的保障。

2. 尊重保障人权理论

尊重保障人权思想是近代启蒙思想家在反封建教会神权至上和世俗君主专制中提出的政治主张。经美国《独立宣言》和法国《人权宣言》获得了宪法性法律文件的效力，近代西方国家宪法将“人权思想”提升为宪法基本原则。马克思经典作家在批判资产阶级人权理论和人权原则虚伪性的同时，提出了无产阶级历史使命是“人的解放”和“一切人的自由发展”❶，这是马克思主义人权观的经典表述。在该思想中，权利主体的“人”远远超出资产阶级人权理论“人”的范畴，突破了近代欧美国家宪法在“人”资格方面存在的财产、种族差别的局限；权利客体的范围大于启蒙思想家的“天赋人权”的概括❷；其人的权利既包括政治权利也包括经济权利，既

❶ ［德］马克思，恩格斯：《马克思恩格斯选集》（第一卷），人民出版社1972年版，第273页。

❷ 英国启蒙思想家洛克认为，人人享有的自然权利包括生命、自由、财产。参见［英］洛克：《政府论》（下），商务印书馆1995版，第16—19页。美国启蒙思想家杰弗逊认为，人人享有的不可转让的天赋权利，包括生命权、自由权、追求幸福权。参见Sources And Documents of United States Constitutions，Second Series，National Documents，1492—1800，P321. 转引自何勤华主编：《美国法律发达史》，上海人民出版社1998年版，第43页。

包括物质权利也包括精神权利。马克思主义人权观在第一部社会主义宪法——1918年《苏俄宪法》中转化为宪法实践。新中国历部宪法都以列举方式规定了公民享有的广泛基本权利，展示了中国对人权的独特理解和保障。2004年我国在第四次宪法修正案里将马克思主义人权观清晰地表述为“国家尊重和保障人权”。该宪法修正案使马克思主义的人权观升华为社会主义宪法的基本原则，为公民社会权保障提供了直接的宪法依据。

3. 社会主义初级阶段理论

社会主义初级阶段理论是我国将马克思主义中国化的一个理论创新。“十月革命”给中国送来了马克思主义，新中国开启了我国将马克思主义与社会主义实践相结合的独立探索。尽管社会主义是比资本主义更高级更合理的新阶段，但是，社会主义毕竟是一个新生事物，其发展、完善过程相当曲折。事实上，每一个步入社会主义的国家由于起点和基础不同，其整体社会发展水平以及对公民社会权利的保障范围和能力不尽相同。社会主义初级阶段理论是结束“文化大革命”、确立改革开放国策之后，中国共产党第二代领导集体基于对新中国社会主义实践经验教训的总结提出的新理论，其基本要义是：“第一，我国社会已经是社会主义社会。我们必须坚持而不能离开社会主义。第二，我国的社会主义社会还处在初级阶段。我们必须从这个实际出发，而不能超越这个阶段。”[1] 1982年宪法遵循马克思主义实事求是的科学态度，根据我国所处的实际发展阶段和国家实际的承受能力对公民社会权利给予符合我国国情的安排和保障。

（二）1982年宪法关于社会权保障的体现

1982年宪法是我国刚刚结束“文革”动荡，党和国家工作重心

[1] 《沿着有中国特色的社会主义道路前进——中国共产党第十三次全国代表大会上的报告》

发生重要转移后制定颁行的。这部宪法与前三部宪法相比一个突出的特点是在宪法结构安排上，将“公民基本权利和义务”放在“国家机构”之前，体现出宪法对公民基本权利和国家权力之间关系的全新认识，也反映了宪法对公民基本权利的高度重视。在公民的社会权利保障方面，宪法有 35 条包含相关内容，占全部宪法条文的 25%[1]，这些宪法条文从三方面进行设计和安排。

1. 在社会权主体方面，宪法采取了广泛性与特殊性相结合方式，表述了宪法保障公民社会权的主体。社会权主体的广泛性体现在宪法第 4 条、第 13 条、第 14 条、第 33 条、第 42 条、第 43 条、第 45 条、第 46 条、第 47 条中。在这些条款里，享有社会权的主体的是中华人民共和国全体公民，对于获得公民资格条件限制宪法只规定一条：具有中华人民共和国国籍的人，这表明宪法对社会权主体方面只设置了国籍限制，这体现了我国宪法关于享有社会权利主体的规定具有广泛性、无差别和均等性的特点。社会权主体特殊性体现在宪法第 4 条第 2 款、第 45 条、第 48 条、第 50 条，前述宪法条文在保障全体公民社会权利的基础上又特殊强调要加强对少数民族、老年人、妇女、儿童、青少年、残疾人、退休人员、军烈属、华侨、归侨、侨眷等特殊主体权利的专门保护，这些规定则体现出我国宪法追求实质平等的立法精神。

2. 在社会权保障范围方面，宪法对公民社会权利保障范围体现在宪法的第 13 条、第 14 条、第 19 条、第 20 条、第 21 条、第 22 条、第 23 条、第 24 条、第 26 条、第 42 条、第 43 条、第 44 条、第 45 条、第 46 条、第 47 条。梳理归纳这些条文可以看到我国宪法对公民社会权利保障的范围有：公民合法财产的所有权，公民私有财产的继承权，公民的劳动权，公民的休息权，退休人员保障权，公民受教育权，公民获得物质帮助权，公民的科学研究、文学艺术创

---

[1] 据本文作者统计，1982 年 12 月 4 日颁行的《中华人民共和国宪法》共 138 条，其中，涉及公民社会权利条文有 35 条。

作和其他文化活动的自由。我国宪法对公民社会保障权的范围列举详细、边界宽泛，体现了社会主义制度给予每一个公民社会权利以最大范围保障的优越性。

3. 在社会权保障程度方面，宪法关于对公民社会权利保障程度条款涉及16个条款，❶。这些条款体现出我国对公民社会权利保障有两个突出特点：一是明确规定了国家在公民社会权利保障方面的责任。在前述宪法条文里，国家承担着发展生产力逐步改善人民物质生活和文化生活、发展社会主义教育事业、发展自然科学和社会科学事业、发展医疗卫生事业、发展文学艺术事业、为培养为社会主义服务各种专业人才创造条件、保护和改善生活环境和生态环境、帮助少数民族地区加速经济和文化的发展等职责。宪法还规定，国家对公民的各种具体社会权利如财产权、劳动权、休息权、退休保障权、物质帮助权、受教育权、科学文化权利都负有保障义务。二是对公民社会权利保障程度给予了符合国情规定。如宪法第四条规定："国家根据各少数民族的特点和需要，帮助各少数民族地区加速经济和文化的发展"。宪法第十四条第三款规定："国家合理安排积累和消费，兼顾国家、集体和个人的利益，在发展生产的基础上，逐步改善人民的物质生活和文化生活。"在保障公民的劳动权、休息权、物质帮助权、受教育权和科学文化权利等条款中，均是根据我国实际国情做出的规定。这些条款既体现了社会主义最大限度保障公民社会权利的宗旨，又未脱离中国处于社会主义初级阶段的现实。

二、1982年宪法修正案对社会权保障条款的改进

1982年宪法产生于在我国改革开放之初，是我国独立探索具有

❶ 1982年宪法涉及公民社会权保障程度的十六个条款是：第4条、第14条、第19条、第20条、第21条、第22条、第23条、第24条、第26条、第42条、第43条、第44条、第45条、第46条、第47条、第48条。

中国特色社会主义法治之路的产物。随着我国改革开放的不断发展深入，我国在各个领域都发生了翻天覆地变化，国家综合实力和居民幸福指数都达到近代以来未曾有过的新高。伴随着我国改革开放进程，1982 年宪法进行过五次修改，产生 52 条宪法修正案，其中，与公民社会权利保障有联系的有 22 条，占全部修正案的 47%[1]。五次修宪使我国在公民社会权保障条款更加完善，国家对公民社会权保障水平和能力有了明显提升。

第一次修宪始于 1988 年 4 月 12 日第七届全国人民代表大会第一次会议通过了第一条、第二条宪法修正案。这次修宪主要内容是国家承认并保护私营经济，土地的使用权可以依照法律规定转让。虽然，这两条宪法修正案并没有公民社会权的文字直接表述，但是，在两条宪法修正案里，间接地体现了宪法对公民财产来源采取了开放、灵活的态度，从而激发了人民创造财富的积极性。

第二次修宪是 1993 年 3 月 29 日第八届全国人民大会第一次会议通过的第 3 条至第 11 条宪法修正案。其对公民社会权利有影响的主要内容有：正式确认“我国正处于社会主义初级阶段”，“国家实行社会主义市场经济”，“国家加强经济立法，完善宏观调控”。这次修宪提出的“社会主义初级阶段论”为我国公民社会权保障所处历史阶段作出了明确定位，首次承认“社会主义市场经济”，则为我国公民社会权所依赖经济发展体制提供了崭新模式。

第三次修宪是 1999 年 3 月 15 日第九届全国人民代表大会第二次会议通过的第 12 条至 17 条宪法修正案。其关系到公民社会权利的内容有，在序言第七自然段里将原来的“我国正处于社会主义初级阶段”，修改为“我国将长期正处于社会主义初级阶段”，并增加了“发展社会主义市场经济”。在宪法第 5 条增加 1 款“中华人民共和国实行依法治国，建设社会主义法治国家。”在宪法第六条里，将

---

[1] 据本文作者统计，自 1988 年至 2018 年我国先后通过 52 条宪法修正案，其中，涉及公民社会权利条文有 22 条。

原来的基本经济基础和分配制度表述修改为“国家在社会主义初级阶段，坚持公有制为主体、多种所有制经济共同发展的基本经济制度，坚持按劳分配为主体、多种分配方式并存的分配制度。”在宪法第11条里，将原来的“在法律规定范围内的城乡劳动者个体经济，是社会主义公有制经济的补充。国家保护个体经济的合法的权利和利益。”修改为：“在法律规定范围内的个体经济、私营经济，是社会主义市场经济的重要组成部分”。“国家保护个体经济、私营经济的合法的权利和利益。”此次修宪最新变化是对社会主义初级阶段长期性的新认识、对依法治国和建设社会主义法治国家首次确认、对私营经济作用及分配制度新定位。前述宪法内容变化直接或间接影响社会权利保护水平的定位。

第四次修宪是2004年3月14日第十届全国人民代表大会第二次会议通过了第18条至31条宪法修正案。此次修宪涉及公民社会权利的内容有：将宪法第10条第3款“国家为了公共利益的需要，可以依照法律规定对土地实行征用。”修改为“国家为了公共利益的需要，可以依照法律规定对土地实行征收或者征用并给予补偿。”在宪法第11条第2款将“国家保护个体经济、私营经济的合法的权利和利益。国家对个体经济、私营经济实行引导、监督和管理。”修改为“国家保护个体经济、私营经济等非公有制经济的合法的权利和利益。国家鼓励、支持和引导非公有制经济的发展，并对份公有制经济依法实行监督和管理。”在宪法第13条，将“国家保护公民的合法的收入、储蓄、房屋和其他合法财产的所有权。”“国家依照法律规定保护公民的私有财产的继承权。”修改为“公民的合法的私有财产不受侵犯。”“国家为了公共利益的需要，可以依照法律规定对公民的私有财产实行征收或者征用并给予补偿。”在宪法第14条第3款后增加一款：“国家建立健全同经济发展水平相适应的社会保障制度。”在宪法第33条增加一款作为第3款：“国家尊重和保障人权。”在第四次修宪里涉及公民社会权保障最突出地方在于出现多个第一：第一次正式承认人权并作出庄严承诺：“国家尊重和保障人权”，该条款为我国公民社会权保障提供了新的宪法原则；第一次在宪法典里提出建立健全我国社会保障制度，该条款开启了我国公民社会权宪法保障新篇章；第一次明确公民合法私有财产不受侵犯，该条款是我国公民社会权利保障最核心的内容；第一次使用“非公有制经济”，该条款对激发公民有效行使财产权具有定心丸作用；第一次提出对土地或公民私有财产实行征收或征用并给予补偿，该条款对公民财产权保障是最清晰庄严的承诺。通过第四次修宪，我们明显地看到宪法对公民基本人权、私有财产权和社会保障权给予了前所未有的高度重视。

第五次修宪是2018年3月11日第十三届全国人民代表大会第一次会议通过了第32条至52条宪法修正案。第五次修宪对公民社会权利保障有益条款有序言第七自然段里用“健全社会主义法治”取代了“健全社会主义法制”；在“自力更生，艰苦奋斗”前增加了“贯彻新发展理念”；在“推动物质文明、政治文明、精神文明协调发展”的三个文明之后增加了“社会文明、生态文明”。第五次修宪通过宪法修正案与前四次宪法修正案相比，条文多而且涉及国家权力重新配置、我国对内对外发展的新定位。是我国公民社会权利保障不可缺少的国内发展和国际环境改善的体现。

三、1982年宪法修正案关于公民社会权保障条款特点分析

从1988年至2018年，我国宪法历经五次修改，共产生52条宪法修正案。这30年正是我国改革开放进入快车道期间，我国在坚持马克思主义法学基本原理基础上，每一次宪法修改都凝聚着我国在探索适合中国国情社会主义法治道路上的创新和发展，也体现了1982年宪法注重保障公民各项基本权利的精神。从完善公民社会权保障角度，五次修宪关于公民社会权保障条款具有以下五个特点。

（一）宪法修正案体现了我国对公民社会权保障所处社会发展阶段的新认识

自1949年新中国成立后，我国选择了一条由“十月革命”送来新型社会发展之路——社会主义。但是，由于每个国家具体国情不同，如何走好社会主义道路没有现成的经验和模板。在改革开放之前，我国对社会主义发展规律的认识有局限，在经济体制上采用比较僵化的计划经济、绝对平均分配的发展模式。尽管，宪法也对公民的社会权利作出保障规定，但是，在整体国家实力有限的情况下，这种保障的实现很受限制。改革开放以后，我国在坚持社会主义道路的前提下，重新认识国际共产主义运动规律、重新认识我国的国情和所处的社会阶段，创造性地提出了“社会主义初级阶段理论”，并在宪法中加以确认。在第3条宪法修正案中增加了“我国正处于社会主义初级阶段。”在第12条宪法修正案里将此认识提升到“我国将长期处于社会主义初级阶段”。这种对我国社会主义所处历史阶段的认识，反映了建国以来我们国家对社会主义道路长期性、曲折性认识的升华。这种基于对人类历史发展规律的基本判断对于我国整体发展规划具有重要意义，对建构符合我国国情的公民社会权利保障制度也具有现实意义，第二次修宪和第三次修宪对我国“社会主义初级阶段”的判断，为建立健全符合我国国情的公民社会权保障体系提供了社会发展阶段的正确定位。

（二）宪法修正案反映了我国对公民社会权保障水准不断提升

在五次修宪中，始终有一条主线占据突出位置即对公民社会权利保障不断加强。在每一次修宪中都有与公民社会权利相关的内容，特别值得指出的是，在第24条宪法修正案中，我国首次确认“国家尊重和保障人权”基本原则，该原则入宪使得我国宪法关于公民社会权利保障基础更加坚实，其宪法保障体系更加完整。在第22条宪法修正案中，明确规定“公民的合法的私有财产不受侵犯”。“国家为了公共利益的需要，可以依照法律规定对公民的私有财产实行征收或者征用并给予补偿。”宪法明确对公民私有财产权承认和保护，体现了我国宪法对公民社会权利核心性权利即财产权的尊重和保障。在第 23 条宪法修正案中，明确提出：“国家建立健全同经济发展水平相适应的社会保障制度。”这是新中国成立以来我国宪法清晰表达了国家在社会保障制度方面职责，对于以宪法为基础建立健全我国社会保障制度具有深远意义。

（三）宪法修正案找到了实现公民社会权利保障的经济发展的正确方向

自十一届三中全会以后，我党提出了适合中国国情的基本路线即“一个中心，两个基本点”❶。1982 年宪法制定颁行后，明确了“国家的根本任务是集中力量进行社会主义现代化建设”。为了找到适合我国社会主义经济发展之路，五次修宪围绕着我国经济发展阶段定位、经济运行体制、经济制度构成、经济分配制度等进行了重要调整，这些调整直接关系公民社会权利保障水准和实现的程度。

关于我国经济发展阶段定位，第 3 条宪法修正案，将我国所处历史阶段定位在“社会主义初级阶段”；第 12 条宪法修正案又确定“我国将长期处于社会主义初级阶段”。社会主义初级阶段论，不仅丰富发展了马克思主义关于社会主义发展阶段的理论，而且找到了与我国国情相适应的经济发展的历史性规律，这就是社会主义是一个漫长历史螺旋式进步的阶段，中国建立了社会主义制度仍处于“社会主义初级阶段”。在经济运行体制方面，第 7 条宪法修正案用“国家实行社会主义市场经济”取代了建国后一直采用的计划经济运

❶ 十一届三中全会提出“以经济建设为中心”的基本路线。中共十三大明确提出了“一个中心、两个基本点”的基本路线，一个中心，指以经济建设为中心，两个基本点，指坚持四项基本原则，坚持改革开放。

行体制，为我国经济发展找到了新的模式。事实证明，实行社会主义市场经济体制后，我国经济驶入了快车道，取得了举世瞩目的成就，社会主义市场经济运行成功，大大增强了我国经济实力，从而为保障公民社会权利提供了坚实经济基础。在经济制度构成方面，第1条宪法修正案提出了全新表述：“私营经济是社会主义公有制经济的补充”。第14条宪法修正案，提出了我国基本经济制度构成是“公有制为主体，多种所有制”。第16条宪法修正案则将个体经济、私营经济归类为“非公有制经济”，它们是“社会主义市场经济的重要组成部分”，“国家保护个体经济、私营经济的合法的权利和利益。”第21条宪法修正案对“非公有制经济”保护更为明确：“国家保护个体经济、私营经济等非公有制经济的合法的权利和利益。国家鼓励、支持和引导非公有制经济的发展，并对非公有制经济依法实行监督和管理。”承认并保护非公有制经济是我国在经济制度构成方面对社会主义初级阶段认识一个突破，为我国经济发展繁荣带来了生机活力。在经济分配制度方面，第14条宪法修正案，将长期实行的“各尽所能，按劳分配”原则，修正为“坚持按劳分配为主体，多种分配方式并存的分配制度。”反映了我国在财富分配上采取了较为灵活的分配方式，这在客观上激发了人们创造财富的积极性和主动性。

（四）宪法修正案找到了确保公民社会权利保障的新方略

宪法作为国家根本法其基本功能在于保障公民基本权利和规制国家权力。1982年宪法与前三部宪法相比更加重视宪法和法律权威。在1982年宪法序言里对宪法属性、地位作出了明确规定：宪法“是国家的根本法，具有最高的法律效力。全国各族人民、一切国家机关和武装力量、各政党和各社会团体、各企业事业组织，都必须以宪法为根本的活动准则，并且负有维护宪法尊严、保证宪法实施的职责。”这是建国以来我国宪法典第一次明确表述了宪法的性质、地位和效力。在第三次修宪中，将建国以来全党全国人民对“人治”

教训的反思和对“法治”认识和追求转化为“依法治国”原则写入宪法，体现在第13条宪法修正案在宪法第5条增加一款：“中华人民共和国实行依法治国，建设社会主义法治国家。”“依法治国”入宪是我国探索具有中国特色社会主义治国理政之路一个创新性认识的飞跃，它将为我国在法治国家、法治政府、法治社会建设中发挥至关重要的作用。在第五次修宪中，第32条宪法修正案将“健全社会主义法制”，修改为“健全社会主义法治”。从“法制”到“法治”一字之变，反映了我国对治国方略认识的一次质的改变。1978年党的十一届三中全会提出的社会主义法制十六字方针是我国结束“人治”开启“法制”开端。1997年党的十五大首次提出“依法治国”。1999年第三次修宪将“依法治国”写进宪法。2014年党的十八届四中全会通过了《中共中央关于全面推进依法治国若干重大问题的决定》，明确了我国全面推进依法治国的任务、路线和目标。2018年又明确提出“健全社会主义法治”。在我国改革开放40年里，宪法从“法制”到“法治”文字修改背后，实际上体现了我国在探索社会主义法治之路不断摸索进步的历程。依法治国方略入宪，对于公民社会权利保障具有深远意义，依法治国首先要依宪治国，依宪治国的核心要义就是用宪法规制公权力、用宪法保障公民基本权利。

（五）宪法修正案为完善我国公民社会权利保障体系提供了支撑

宪法修正案不仅完善了宪法文本，而且带动了下位法修改，健全了我国法律体系。自1982年宪法颁行至2008年，我国已经基本形成以宪法为核心，以法律为主干，包括行政法规、地方性法规等规范性文件在内的，由七个法律部门、三个层次法律规范构成的法律体系。在该法律体系中，与公民社会权有关的法律有103部，行政法规23个。[1] 特别是党的十八大以来，我国将尊重和保障人权置于社会主义法治国家建设更加突出的位置，不断完善人权保障法律体系，如制定民法总则更加充分保障公民权益；强化对财产权的保护；加大对特定主体民事权利的保护；完善经济、社会和文化权利领域立法等。[2] 在社会法领域，制定了一系列新法：社会保险法、中医药法、公共文化服务保障法和电影产业促进法、居住证暂行条例、不动产登记暂行条例、环境保护税法、慈善法、境外非政府组织境内活动管理法等；修改的法律有：就业促进法、劳动合同法、安全生产法、职业病防治法、食品安全法、人口与计划生育法、教育法、环境保护法、大气污染防治法、野生动物保护法、海洋环境保护法、水污染防治法、环境影响评价法、固体废物污染环境防治法、消费者权益保护法等。[3] 前述新制定的法律和修改后的法律进一步完善了我国公民社会权利法律保障体系。正是依托以宪法为核心的保障公民社会权的法律体系，我国建成了世界上规模最大、覆盖人数最多的社会保障体系，走出了一条具有中国特色的社会保障道路。我国在公民社会权保障方面取得的成就得到了国际社会的高度评价，国际社会保障协会授予中国政府“社会保障杰出成就奖”[4]。

余论

经过70年对社会主义事业的探索，我国已经走出一条符合中国

---

[1] 中华人民共和国国务院新闻办公室．中国的法治建设白皮书，载 http：//www. gov. cn/zhengce/2008 -02/28/content_2615764. htm，2018年10月09日访问。

[2] 中华人民共和国国务院新闻办公室．中国人权法治化保障的新进展白皮书，载 http：//www. gov. cn/zhengce/2017 -12/15/content_5247201. htm，2018年10月10日访问。

[3] 同上注。

[4] 国际社会保障协会（ISSA）在第32届（2016年）全球大会上，授予中国政府“社会保障杰出成就奖”，评审团的授奖理由是：“在过去的十年里，中国凭借强有力的政治承诺和诸多重大的管理创新，在社会保障扩面方面取得了举世无双的成就。”参见向春华：《社会保障全覆盖的中国经验》，载《中国社会保障》，2016年第12期。

国情的社会主义民主、富强和法治之路。1982 年宪法颁行以来，伴随着我国改革开放和社会主义现代化的快速发展，历经五次修改产生了 52 条宪法修正案，使我国宪法从形式到内容进一步完善充实。加强我国公民基本权利的宪法保障，是我国社会主义宪法应有之义，也是社会主义制度优越性之体现。在公民社会权利保障方面，社会权利明确入宪、对人权的宪法解释、健全公民社会权利法律体系均是今后我国宪法修改、完善和实施的优先选项。

Study on the Clause of 1982 Constitutional Social Rights Protection

——Based on Five Revisions of Constitutional Text Analysis

Zhang Ruizhi

Abstract: The 1982 Constitution which is the fouth Constitution of new China is the fundamental law to conduct our country, to spur the reform and to open up on the constitutional way. It attaches great importance to the protection of the citizen's fundamental rights. This Constitution has been revised five times since 1988 with 52 amendments to the Constitution ratified. There are new arrangements for the protection of the citizen's fundamental rights in the 1982 Constitution. The amendments to the Constitution have significantly improved the protection of the citizen's fundamental rights. It is theoretically and practically meaningful to the characteristics of the amendments to the Constitution to protect the citizen's rights and to make a further research on the constitutional protection of the social security rights.

Key words: fundamental rights; citizen's rights; Constitutional protection; amendments to the Constitution

【实务研究】

“三权分置”下土地经营权投资入社的规则与实践[*]

张旭昕[**]　房绍坤[***]

内容提要：“三权分置”政策的推行与《农村土地承包法》《农民专业合作社法》的修订，为土地经营权投资入社提供了制度上的可行路径。对于土地经营权投资入社的规则问题，可以从合作社的法律定位、土地经营权流转中股权化的主要方式入手，探讨土地经营权入社的出资规则，如设立人的权利和义务、投资入社的定价程序、定价标准以及入社时作价不实对合作社与相关主体利益的影响等。在此基础上，实践中还需特别注意合作社形骸化、土地经营权投资入社后的转投资、土地经营权入社中权责利的差异化配置及土地经营权入社后的退资等问题。

* 本文是国家社会科学基金重点项目“三权分置”政策背景下农村土地承包经营权益实现研究（课题编号：16AFX017）的阶段性成果。

** 张旭昕，华东政法大学民商法专业博士，烟台大学法学院副教授，研究方向：商法学。

*** 房绍坤，吉林大学法学院教授，博士研究生导师，吉林大学财产法研究中心主任，2017 年教育部“长江学者”特聘教授，研究方向：民法学。

关键词：三权分置　土地经营权　农民专业合作社　投资入社

近年来，国家为促进农村繁荣、农民增收及农业可持续发展，发布了一系列相关的惠农政策，其中一个重要举措就是通过农民专业合作社的规模化生产和专业化合作，实现农业生产的新旧动能转换，推动农业资源资本化，将农村耕地、林地、养殖水面、“四荒”土地、旅游资源等有形农业资源和农业品牌、专利、技术等无形资产及其未来收入，通过产权化、资本化和证券化将其变成能够流通的金融资本。农地资源的资本化是推进现代农业跨越式发展的一把“金钥匙”，借鉴和引入现代资本经营理论，最大限度激活农业资源、资产，将农民的土地经营权变为资本，增加农民资本性收入，有利于破解农业发展资金瓶颈制约，推进农业转型升级，使城乡资源要素优化配置，壮大农业市场主体，推进农村城镇化进程。农地“三权分置”政策的推行为农地流转提供了多种可行性路径，“三权分置”后的土地经营权投资入社是农地权利流转的诸多方式之一。2017年12月27日由第十二届全国人大常委会第三十一次会议修订的《农民专业合作社法》第13条明确规定农民专业合作社成员可以用土地经营权等财产作价出资，从而使土地经营权投资入社从政策层面进入法律层面，有了明确的现行法依据和执行规则。然而，该法针对土地经营权入社问题的规定仍显粗糙，规则上似乎未能充分体现土地经营权这种投资客体自身的属性及农民专业合作社这种经济组织不同于合伙企业和商事公司的潜在特质。为此，本文将剖析《农民专业合作社法》相关规定，在结合实践调研资料的基础上为“三权分置”下的土地经营权入社的法律规则提出完善意见，评估《农民专业合作社法》及《农村土地承包法》的规定，对其疏漏不足及不合理之处提出改进意见，以期助力实践的发展。

一、农民专业合作社的法律定位与土地经营权流转中股权化的主要方式

（一）农民专业合作社的法律定位

合作社是一类不同于商事公司与合伙企业的生产经营组织，其不仅具有对外从事经营行为的能力，在内部与外部关系上也表现出较强的合作性和互助性特征。综观我国新修订的《农民专业合作社法》之规定，可以发现立法者大量地借鉴乃至照搬了《公司法》及《民法总则》的相关规定，[1] 但又作出了与之不完全相同的制度设计，使合作社在许多方面表现出双重性的特征，主要体现在以下方面。

其一，农民专业合作社性质上的双重性。从合作社的外部关系来看，合作社本身是投资者进行商事投资、组织生产经营的一种手段，合作社通过资本的循环运营实现利润并将其分配给投资者，其经营活动具有计划性、反复性和不间断性。这一点与其他商事主体

---

[1] 如《农民专业合作社法》第13条规定：“农民专业合作社成员可以用货币出资，也可以用实物、知识产权、土地经营权、林权等可以用货币估价并可以依法转让的非货币财产，以及章程规定的其他方式作价出资；但是，法律、行政法规规定不得作为出资的财产除外。”这里规定的非货币财产出资条件与《公司法》的规定基本一致。当然，该条也规定了“章程规定的其他方式”，但“其他方式”具体包括包含哪些，如劳务、信用、特许经营权等为公司法所禁止的出资方式是否涵盖于其中，还是值得进一步研究的问题。值得注意的是，《农民专业合作社示范章程》（修订草案征求意见稿）照搬了《公司登记管理条例》第14条的规定，即“不得以劳务、信用、自然人姓名、商誉、特许经营权或者设定担保的财产等作价出资”。这种规定能否切实反映合作社的特点和实践的需求，还有待检验。例如，就不得以设定担保的财产作价出资来讲，依《物权法》规定，设定担保的财产并非完全丧失流通性，只不过受制于担保物权人利益的保护需取得其同意或者另行提供担保。况且不得以设定担保的财产出资但出资后合作社经营过程中依旧可以设定担保，无论对合作社的资本信用维持还是债权人的利益保护都很难说有多大的实际意义。退一步来讲，示范章程仅具有示范性，合作社成员大会仍可针对本合作社的不同情况在章程中对此作出不同的规定。

并无二致，体现出鲜明的营利性特征。[1] 从合作社的内部关系来看，合作社又体现出较强的合作性和人合性。如合作社普通表决权实行“头数主义”而非“资本多数决”原则，合作社的盈余分配主要实行按交易额分配而非按劳分配或按出资份额分配，合作社成员的入社、退社需取得会员大会表决通过等等，均是合作社“人合性”的体现。

其二，合作社财产上的双重性。《民法总则》已明确将合作社归类为不同于营利法人和非营利法人的特殊法人，除适用特殊法人一节的特别规定外，也应适用关于法人的一般规则，如应具有独立的意思能力和法人的独立财产。《农民专业合作社法》第5条规定：“农民专业合作社依照本法登记，取得法人资格。农民专业合作社对由成员出资、公积金、国家财政直接补助、他人捐赠以及合法取得的其他资产所形成的财产，享有占有、使用和处分的权利，并以上述财产对债务承担责任。”但合作社法人财产的独立性并不彻底，法人财产在内部仍具有一定的成员按份共有的性质。如《农民专业合作社法》第42条规定：“农民专业合作社可以按照章程规定或者成员大会决议从当年盈余中提取公积金。公积金用于弥补亏损、扩大生产经营或者转为成员出资。每年提取的公积金按照章程规定量化为每个成员的份额。”从这一规定来看，盈余公积金不仅可以用于弥补合作社亏损、转增注册资本或者扩大生产经营规模，而且在财务处理上又将其量化区分为每个成员的份额，这就与合作社财产的独立性有所冲突，因为既为公积金，何以分别记账？

其三，合作社责任上的双重性。《农民专业合作社法》既规定了合作社法人的独立责任，也规定了合作社成员的个别责任。如依《农民专业合作社法》第5条规定，农民专业合作社对由成员出资、

---

[1] 《农民专业合作社法》第55条规定了合作社破产的法律适用，即“农民专业合作社破产适用企业破产法的有关规定”。依此，可以窥见立法者对合作社营利性的一种潜在认识。问题在于既然《民法总则》并未将合作社归入营利法人，为何在其破产时要适用企业破产法呢？

公积金、国家财政直接补助、他人捐赠以及合法取得的其他资产所形成的财产，享有占有、使用和处分的权利，并以上述财产对债务承担责任；而第6条则规定，农民专业合作社成员以其账户内记载的出资额和公积金份额为限对农民专业合作社承担责任。[1] 可见，尽管合作社成员仍然承担的是有限责任，但其责任范围并非与公司股东对公司的责任相同，公司法规定的股东责任财产范围不包含公积金，公司财产独立性要高于合作社。[2]

（二）土地经营权流转中股权化的主要方式

从法律与政策的引导方向和土地经营权流转的实践角度分析，[3]

---

[1] 这里的法律表述存在着认识上的误区，《农民专业合作社示范章程》（修订草案征求意见稿）也继受了此种表述方式，规定：“本社成员以其成员账户内记载的出资额和公积金份额为限对本社承担责任。”该表述存在的问题主要在于将合作社对外承担责任的财产范围与合作社成员对合作社承担投资责任的财产范围混淆了。实际上，立法者表述的责任财产是合作社净资产即所有者权益的份额，属于对外承担责任的范畴，而对内基于投资关系，成员仅对其在合作社章程中确定的出资份额承担责任。另外，对于非货币出资的，如属成员之间协商定价，可能存在高估出资价值的风险，对合作社债权人的利益会产生潜在的影响。

[2] 此处的分析仅从解释论而非立法论的角度展开。事实上，从严格的法理意义上来讲，《农民专业合作社法》第5条和第6条的规定是存有冲突的。从公积金的发生来说，其不可能既归于合作社又归属于合作社成员。按照第5条规定，合作社以成员出资、公积金等对外承担责任，那么何以成员又能以出资额和公积金份额为限对合作社承担责任？实则此处存在对出资法律关系的认识错误。从法理上说，成员的有限责任与合作社的独立责任本身并不冲突。成员以出资额为限对合作社承担出资责任，合作社以其法人资产为限对其债务承担独立责任。合作社的法人资产既包含成员的出资也包含借入资金，同时也涵盖合作社公积金、未分配利润等积累资金和政府补贴、社会捐助等外部非营业收入，除非合作社法人进入清算并且在清偿债务后仍有剩余资产，否则并不存在对其成员分配公积金的情况，同时也无法想象成员向合作社交付公积金以承担合作社对外责任的情形。依此推断，《农民专业合作社法》第42条规定每年提取的公积金需按照章程规定量化为每个成员的份额仅是为了合作社清算时便于分配财产而设，而非为确定合作社成员的出资责任。

[3] 如农业农村部、国家发展改革委、财政部、中国人民银行、国家税务总局、国家市场监督管理总局《关于开展土地经营权入股发展农业产业化经营试点的指导意见》明确提出：“推行土地经营权入股，是深化农村土地制度改革的重要措施。土地经营权入股龙头企业和作价出资农民专业合作社（以下统称土地经营权入股），使农民拥有更多的流转方式选择，让农民分享农业全产业链利润，拓展农民财产性收入来源。同时，也让龙头企业、农民专业合作社获得土地经营权，在更大范围、更高层次上推进农业产业化经营。”

土地经营权的股权化流转在实践中可能出现以下四种主要的操作模式。

第一种模式为土地经营权直接入股公司等企业，即农民投资者或其他土地经营权的拥有者将其土地经营权投资于有限责任公司或者股份有限公司等企业，以其作为取得公司股权、合伙份额等的对价。在此投资交易过程中，公司等企业取得土地经营权，农地权利投资者则取得与其他投资者同质性的股权等投资权利，其权利内容包含自益权和共益权，农地投资者股东享有资产收益、选择管理者、依照公司法等法律规定进行诉讼和参与公司等企业经营管理等方面的诸多权利（权力）。

第二种模式为土地经营权投资入社，即农地权利拥有者将其权利投资于农民专业合作社，作为换取合作社成员权的对价。投资交易完成之后，投资者失去其所拥有的土地经营权而取得合作社成员权。此种成员权在性质上与公司股权相类似，也是一种社员权，在权能上也包含资产收益、选择管理者和参与合作社治理等诸多方面的权利。唯需注意的是，农民专业合作社由于具有不同于公司的合作性质，同时担负着执行国家惠农政策的使命，对其成员的构成有特别的规定。[1] 同时，法律对其成员的构成比例也有要求，如《农民专业合作社法》第20条规定，农民专业合作社的成员中，农民至少应当占成员总数的百分之八十。成员总数二十人以下的，可以有一个企业、事业单位或者社会组织成员；成员总数超过二十人的，企业、事业单位和社会组织成员不得超过成员总数的百分之五。

第三种模式为土地经营权经农民投资者投资入社后再由农民专业合作社投资入股公司。[2] 此种方式的土地经营权事实上经过了再流

---

[1] 参见《农民专业合作社法》第19条规定："具有民事行为能力的公民，以及从事与农民专业合作社业务直接有关的生产经营活动的企业、事业单位或者社会组织，能够利用农民专业合作社提供的服务，承认并遵守农民专业合作社章程，履行章程规定的入社手续的，可以成为农民专业合作社的成员。但是，具有管理公共事务职能的单位不得加入农民专业合作社。"

[2] 参见《农民专业合作社法》第18条。

转和两次股权化：第一次由农民投资者投入合作社，农民投资者取得合作社成员权，合作社取得土地经营权；第二次由合作社以其所取得的土地经营权向公司企业投资，公司取得土地经营权，合作社取得公司股权。土地经营权的多次流转不仅涉及财产和投资权益的多次转化，也伴随着法律、政策和章程的诸多规定与限制，需要在实践中准确把握。例如，土地经营权两次流转后，公司经营有收益并分配盈余给合作社，合作社再次分配盈余给农民投资者，方能实现投资者初始的投资目的。合作社在财产性质和盈余分配规则上与企业并不相同，合作社的法人财产独立性并不像公司制企业法人那么强，其公积金（无论盈余公积金还是资本公积金）带有鲜明的按份共有的特征，[1] 而其盈余分配原则又主要采取“惠顾返还”为主的原则，[2] 因此，当公司分配投资收益给合作社、公司实行分红转配股或者公积金转增资本后对于新取得的公司股权在农民专业合作社内部的归属及如何分配仍是需要进一步研究的问题。[3]

第四种模式为土地经营权入股公司后由公司投资入社，即农民投资者以土地经营权投资于公司，投资者取得公司股权，公司取得

---

[1] 这里还需注意对不同来源的财产在合作社正常运营中用于清偿债权或分配给成员以及合作社清算中是否可分配的规则。例如，依《农民专业合作社法》第 44 条第 2 款规定，可分配盈余按成员与本社的交易量（额）比例返还的返还总额不得低于可分配盈余的百分之六十；返还后的剩余部分，以成员账户中记载的出资额和公积金份额，以及本社接受国家财政直接补助和他人捐赠形成的财产平均量化到成员的份额，按比例分配给本社成员。同时，依《农民专业合作社法》第 53 条的规定，农民专业合作社接受国家财政直接补助形成的财产，在解散、破产清算时，不得作为可分配剩余资产分配给成员，具体按照国务院财政部门有关规定执行。

[2] 参见高海：《〈农民专业合作社法〉的改进与完善建议》，《农业经济问题》2018 年第 5 期。

[3] 《农民专业合作社法》第 44 条第 3 款确定的盈余转增资本的规则有一定的借鉴性，即：“经成员大会或者成员代表大会表决同意，可以将全部或者部分可分配盈余转为对农民专业合作社的出资，并记载在成员账户中。”同时，该条第 4 款还规定了程序性规则，即：“具体分配办法按照章程规定或者经成员大会决议确定。”土地经营权出资后，如公司分配利润可遵照类似程序执行，使成员取得附加出资额度，并增强合作社的经济实力。而对合作社资本因之过分充实后过剩资本的分配或者返还规则，可以按照合作社章程规定处理。

土地经营权后以其投资进入农民专业合作社并取得合作社成员权。这里需要特别注意的是，公司虽然使用土地经营权投资，但仅能成为合作社非农会员，前述合作社会员身份比例的限制条件仍需具备。另外，实践中公司一般倾向于成为合作社经营的控制主体，其在合作社的基本表决权和附属表决权均会远远超过一般的农民投资者，对其盈余分配也无法按照“惠顾返还”的基础规则来执行，故应探索一定的规则来限制其在合作社治理方面实行专断的可能性并平衡其与合作社普通农民成员之间的利益关系。[1]

二、土地经营权入股农民专业合作社的出资规则

总体上讲，土地经营权入社的出资法律制度涉及设立人的法律地位、权利义务责任、出资标的和出资的价值评估等实体性问题。土地经营权出资价值确定的依据应在结合多方面因素的基础上确定。土地经营权出资入股合作社实际上可以看成是出资者土地经营权和合作社社员权的一种价值交换，故应遵循价值规律的要求，实行等价交换。那么，在投资价值的确定上是否存在着绝对客观和公正的投资定价和交易价格确定依据呢？实际上，财务上对于土地经营权的价值评估可以按照历史成本、资产净值、现金流折现和公允价值等多种方式来处理，常见定价方法也可从协商定价法、评估定价法、竞争定价法等多种方式中加以选择。土地经营权投资入社涉及的另外一个重要的程序性问题就是权利的转移与登记交付手续的办理。

（一）土地经营权投资入社中设立人的权利和义务

在土地经营权出资入股农民专业合作社的问题上，首先面临的

---

[1] 为保证合作社的人合性，《农民专业合作社示范章程》（修订草案征求意见稿）有限制单个成员出资占比不得超过本社成员出资总额一定比例的规定，以避免控股成员的产生，防范控制成员对合作社其他成员产生排挤或压迫性影响，与合作社的合作性质相冲突。

是出资法律问题。按照合作社的成立与否，出资可分为合作社设立时的原始出资和合作社成立后入社认购合作社增资两种情形。在合作社设立时，自愿对合作社进行原始出资从而成为该合作社成员并在合作社初始章程上签字的人为合作社的设立人，其具有不同于一般成员的特殊法律地位，可以享有不同于一般入社成员的特别权利或利益。

首先，合作社设立时的章程须经过全体设立人一致通过。这一点是由合作社自身的合作性所决定的，不同于股份有限公司创立大会上的资本多数决规则。其次，设立人一般可以以非货币财产的形式进行出资，如以土地经营权、农用机械设备等作价出资。但需注意的是，合作社的合作制基因决定了其与公司的股权结构配置原理并不相同，公司的股权结构中允许控股股东存在，甚至法律许可单一股东投资的一人有限公司设立。但合作社单一成员的出资比例不宜过高，否则无论是合作社组织运营中的附属表决权设计还是对非成员交易所产生的盈余分配中的按股分红机制都可能对合作社成员之间的“人合性”产生影响。再次，设立人在事实上享有选举和被选举为合作社首届组织机构成员的权利，如理事、监事和经理人等，从而在合作社组织运营中享有更多的话语权和决策权。最后，设立人可以在合作社章程中为自己设置合作社增资扩股时的认购优先权，从而避免因合作社增资扩股而使自己在合作社的经济利益或管理权利受到影响或稀释。

按照权利义务对等的原则，设立人也需承担法律和章程规定的特别义务和责任。首先，设立人应履行出资义务。出资义务的履行应按照我国合同法等民法规则的要求进行，设立人应及时、全面履行其出资义务，这是其取得合作社成员权所必须支付的对价。如果设立人不履行或不完全履行出资义务或者履行迟延，根据法律及章程规定，合作社组织机构如理事会、监事会、成员大会等可对其提起诉讼或者在合作社内部限制其成员权，如盈余分配请求权、表决权等。其次，设立人对成员非货币出资作价负有审查义务。当成员以实物、知识产权、土地经营权等非货币财产作价出资时，对该出资财产的价值确定不仅影响到出资成员自身的利益和成员彼此之间的股权结构比例，还会影响合作社本身的资本真实和资本充足，进而对债权人的利益和交易安全产生影响。在合作社的设立阶段，合作社的组织机构尚未成立，登记机关也仅是对合作社章程记载的出资情况进行形式审查而非实质审查，这可能导致部分设立人在非货币财产出资定价中的任意性。因而，法律应该为设立人设置对非货币财产出资作价的审查义务。

从法律上讲，这种审查义务是基于设立人作为设立中合作社的代表机关与执行机关的信托法律关系的受托人地位所产生的，性质上属于善良管理人的注意义务和忠实义务。一方面，设立人须勤勉履行其作为受托人对合作社设立过程中非货币资产出资作价的审查义务；另一方面，法律也要求设立人不能将自身利益或者其他设立人乃至关联方或第三人利益置于合作社的利益之上。如设立人违反此种审查义务，不仅须缴付该出资的设立人应承担继续出资、重新出资或者差额填补的责任，其他设立人也应就出资作价不实的部分承担连带的缴付出资的责任。[1] 当然，在合作社成立运营之后，对于增资时非货币财产作价的决定权在于合作社的理事会或成员大会等组织机构，设立人无须再为此承担出资作价审查和连带缴纳的义务。

（二）土地经营权投资入社的定价程序

土地经营权在合作社设立阶段的投资入社可以视为设立人之间的共同行为的实施过程。基于这个以创设合作社法律人格为目的的共同行为，各设立人以货币或土地经营权等非货币财产作价出资。该共同行为的实施结果，一方面是创设了合作社这个特殊法人，另

[1] 无论是新修订的《农民专业合作社法》还是《农民专业合作社示范章程》（修订草案征求意见稿）均未对此作出明确规定，属于立法中一个较为明显的纰漏，不仅会对合作社法人的资本充足率和资本信用产生一定的影响，也将在相当大程度上影响债权人利益和交易安全。

一方面表现为各设立人通过出资行为取得了合作社的成员权。对于合作社成立之后的增资来说，如果入社成员以土地经营权投资入社，则该过程从法理角度观察实际上可以看成是一个互易合同的履行过程，即入社成员以土地经营权换取合作社增发的股权（成员权）。从上述原理的分析可知，土地经营权投资入社是一个基于共同行为的私法行为，应以意思自治为原则对该行为赋予法律效力。由此，土地经营权的投资入社定价也就应以协议商定价格为基本的定价程序。在定价程序实施中，应遵循成员意思自治原则和等价交换等市场价值规律的要求，由全体会员（在合作社设立阶段）或者根据章程规定由会员大会、理事会（在合作社成立后增资情形）等机构确定土地经营权的定价方案。市场价值规律的要求可以通过第三方评估机制等程序来完成，也可参考《资产评估法》的相关规定。

另外，为了充分实现土地经营权的交换价值，可以考虑引入招标、拍卖等竞争定价机制，如存在公开交易市场，可以以该市场中相似地况的土地经营权的交易价格、土地经营权的市价或公允价值作为出资价值的判断基准。土地经营权投资入社还涉及土地经营权的过户登记问题。无论是设定土地经营权还是再流转土地经营权，出资一般均会超过五年的期限，因此，出资者和合作社需要办理土地经营权的过户登记手续。当然，登记并非法定的权利变动要件，而是对抗要件，但登记的办理与否和能否办理将为合作社运营的可预期性带来风险，并因而影响土地经营权的实际作价。另外，实务上也不排除土地经营权为五年以下的情形，对此，双方无须办理登记手续，只要到集体经济组织进行备案即可。如果作为出资标的的土地经营权涉及第三人权利的，法律设置了对抗主义的模式，即未经登记不得对抗第三人。[1]

---

[1] 《农村土地承包法》第41条规定：“土地经营权流转期限为五年以上的，当事人可以向登记机构申请土地经营权登记。未经登记，不得对抗善意第三人。”第46条规定：“经承包方书面同意，并向本集体经济组织备案，受让方可以再流转土地经营权。”

（三）土地经营权投资入社的定价标准

土地经营权投资入社的定价既应符合政治经济学和马克思主义土地产权理论中土地价格与级差地租的标准，也要符合合作社组织生产经营合法性和稳定性的要求，对于设定、转让、租赁等不同方式产生的土地经营权还应符合会计准则对其进行确认、初始计量和持续计量等方面的要求。

具体来说，其一，定价标准确定首要考虑的影响因素是土地经营权本身的数量、质量、剩余期限等因素，同时对于不同地理位置、不同产出能力、不同应用前景的地块，其土地经营权的流转价格应有所差别。例如，连片地块的土地经营权，一般更适合规模经营和集约化经营，其定价应高于非连片地块；产出能力高、土壤肥沃、地力较强、适宜耕种的地块在定价上显然应高于其他地块；如某地块有开发观光农业、涉农旅游项目或开展农业深加工项目的潜在价值，因对其土地的利用已经向第二、三产业延伸，其土地经营权上的附加值会更高，则其定价应远高于仅有第一产业产出的地块。[1]

其二，在投资入社时，合作社作为一种常态的经营实体，其经营稳定性和可预期性的要求也在一定程度上影响土地经营权的定价。从这个角度出发，定价影响因素主要在于作为投资标的的土地经营权的法律性质及其期限长短。[2] 如土地经营权为用益物权性质，则合

---

[1] 《农民专业合作社示范章程》（修订草案征求意见稿）第4条第3、4项扩张了传统意义上的合作社经营范围。第三项涉及“农村民间工艺及制品、休闲农业和乡村旅游资源的开发经营”，第四项涉及“与农业生产经营有关的技术、信息、设施建设运营等服务”。可见，合作社已突破传统的第一产业，开始向产业高端延伸，第二产业和第三产业均有可能成为其从事的经营事项。例如，以民间编织工艺和本地区原材料生产藤制办公家具等工业产品生产、发展吃住游一体化的观光农业旅游项目等，其与一般产供销一体化的企业或者旅游实业公司的经营项目已经极为类似。

[2] 关于土地经营权的性质，理论上存在用益物权说、债权说、物权化债权说等。新修订的《农村土地承包法》未对土地经营权的性质做出明确的规定。对此，主持法律修改工作的十三届全国人大常委会委员、农业与农村委员会副主任委员刘振伟指出：“在《农村土地承包法》修订过程中，鉴于对土地经营权性质见仁见智，这次修改农村土地承

作社取得支配性和对世性的权利，存在于权利之上的法律效力使其能够对抗农地所有人和承包经营权主体，能更好地保证其经营预期；如该项用于投资的权利仅为债权性质，如租赁经营所得之土地经营权，尤其是以对第三方的土地租赁债权投资入社，合作社接受投资后事实上取得租赁方的法律地位，虽然民法上有“买卖不破租赁”等对租赁方的特别保护规则，但基于合同同一性规则，其取得的权利仍然要受制于存在于投资方与出租方之间的抗辩关系，出租方对原承租方的抗辩均有向合作社主张的空间。既然此种出资方式可能带来一定的不确定性，则从投资学角度来看需对其投资定价进行风险系数加权，作为投资标的的土地经营权的定价为其基础价值乘以一定的风险加权系数后的结果。

其三，不同的市场供给和需求情况的土地，由于价值规律的作用，会在技术层面对土地经营权的定价产生相当大的影响。对于基本面情况大致相同的土地经营权，供需双方的竞争态势会影响其定价结果。供不应求时，形成卖方市场，市场定价会相应提高；供过于求时，形成买方市场，市场定价必然会降低。

其四，入社土地经营权的价格确定还受到土地经营权与机器、设备、技术等生产要素在合作社中的地位和不同要素之间的比价关系的影响。例如，合作社的生产经营主要依赖农业产出的，则土地经营权的相对价格应该更高；相反，如合作社主要经营的是农产品深加工项目、涉农观光旅游项目等，土地经营权在合作社经营中重要

（接上页）
包法，以解决实践需要为出发点，只原则界定了土地经营权权利，淡化了土地经营权性质。”同时，“由于各方面对继受取得的土地经营权是物权还是债权有争议，是作为用益物权设定抵押，还是作为收益权设定质押，分歧很大。立法不陷入争论，以服务实践为目的，使用了土地经营权融资担保概念，这是抵押、质押的上位概念，将两种情形都包含进去，既保持与相关民法的一致性，又避免因性质之争影响立法进程。”（参见刘振伟：《巩固和完善农村基本经营制度》，《农村工作通讯》2019 年第 1 期）。本文认为，土地经营权无论确定为物权还是债权，均不影响作为财产投资入社。因此，本文并不对土地经营权的性质开展论述，将另文探讨。

程度没有那么高，其作价的基准相对就会较低。

其五，存在有关农业主管部门发布的政府指导价或者市场中介机构发布的市场交易行情价格时，该政府指导价和市场价事实上是反映政策导向或供求关系决定的一种相对公允的价格，应作为土地经营权投资入社作价的重要参考标准。

（四）土地经营权入社时作价不实对合作社与相关主体利益的影响

对土地经营权投资入社的价格确定程序和标准之所以重要，还在于可以避免相关主体利用不实作价侵吞农地投资者利益或者利用价值评估、退社、解散清算等制度损害其利益。无论是低估作价还是高估作价，都会对相关主体利益产生一定的不良影响。

1. 土地经营权的低估作价

投资资产低估作价的情形在公司制度中并不鲜见。事实上，当股份有限公司以超出股票面值价格溢价发行股份或者有限责任公司投资者以超出公司章程记载的出资额的价格认购增资时，投资者用于出资的财产在一定意义上相对于公司股权被低估作价。低估作价之所以能够被投资者所接受，是因为相对于企业净资产所确定的股权基本账面价值来说，企业的组织资源、人力资源、关系资源、商业信誉等对企业经营非常具有意义的要素资源无法在资产负债表中得到体现。对于农民专业合作社来说，存在着同样的问题。因此，在一定限度之内有充分依据的土地经营权低估作价并不违背公平原则，但应注意不能超过合理的限度。如果低估作价超出合作社资产负债表或者预期估值所确定的限度，则属于侵害农民投资者利益的行为，应为法律所禁止。

2. 土地经营权的高估作价

企业不只是资产的简单累加，而是有机的整体，否则很难理解濒临破产的企业拍卖后却产生资产增值，甚至于变现的资产价值远远超过其不能支付的到期负债额度的现象。企业的组织资源、人力资源、关系资源、各职能部门的协作配合关系等都会产生无形的价值或在企业运营中发挥着不可或缺的重要作用。合作社作为一种经营组织也应如此，但与公司不同的是，合作社每个成员的出资均在财务上以单独账户记载，合作社积累的盈余公积金和滚存的未分配利润也都量化为每个成员的份额后记载于各自账户，同时合作社主要的分配制度并不是按资分配，而是“惠顾返还”，因此，低估作价本身一般并不会摊薄其他投资者在合作社的出资或者持有公积金的份额，也不会对投资者的盈余分配产生实质性影响。但是，随着合作社业务的逐渐延伸，可能在相当大的程度上突破内部的合作形式，使对外发生的业务也就是非与其成员发生的业务占有相当大的比重。这些业务产生的盈余不应按照“惠顾返还”的标准进行分配，而对于政府实施惠农政策而给予的拨入款项、第三人对合作社的捐赠等所产生的公积金在事实上也不宜根据上述原则进行量化处理。如果合作社将其所有的经营资产对公司等其他企业进行转投资，转投资所带来的分配利润也一样无法按照“惠顾返还”原则量化给每个成员。这些盈余、公积金和利润还是应遵循商事组织的一般规则归属于全体成员并实行按资分配。在这种情况下，对某个成员土地经营权的高估作价必然会摊薄其他成员对上述盈余和公积金的份额，并因而对其利益产生实质性影响。

另外，合作社经营中如出现增资减资等调整资本场合，也不应以土地经营权出资的价值进行评估。增资时入社成员不应平价取得合作社投资份额，不能简单按照净资产标准确定价格，应该在净资产基础上考虑合作社潜在价值来确定，参照每一出资份额的利润水平，按照可比原则进行定价，还要考虑政策资源、公共关系、内部组织运作等带来的附加值。减资时应遵循同样的原则，退还其成员份额所对应的合作社净资产价值。

三、土地经营权投资入社实践中需特别注意的几个问题

土地经营权投资入社的意义不仅在于实现农地权利的股权化，还在于其担负着农业产业的升级与实现农业规模化运营的目的，国家很多惠民政策也改变之前直接补贴农户的方式，变为向农民专业合作社倾斜。但实践中往往会出现合作社人格虚化或人格混同从而沦为实际控制人规避法律、实行政策套利等行为工具的现象，在土地经营权投资入社规则的制定和实施中不可不防。另外，土地经营权入社后的转投资、责权利的差异化配置以及土地经营权入社后的退资问题，实践中都值得特别重视。

（一）合作社形骸化的问题

我们在山东某地区进行调研中发现，一些农民专业合作社实际上徒有合作社之名而无合作生产经营之实，事实上蜕变为合作社部分成员、村委会或农村集体经济组织领导者实际控制和操纵的工具，名义上的社员与合作社并无实质上的交易关系，社员之间的互助合作也无从谈起，更不必妄言“惠顾返还”了。合作社的设立是建立在名义上的成员出让农地权利基础之上的，但出让之后，仅有控制成员在实际运作和操纵着合作社的生产经营行为，其他成员在事实上和认识上对合作社并无“归属感”，反之却认为是与控制成员之间发生了一种“买卖关系”，将其土地权利出让给了合作社，合作社本身因而完全“形骸化”，并继而受控于部分成员甚至于充当实际控制人规避法律责任的工具。对于此类合作社，在设立的过程中仍然存在着土地经营权的流转问题，出让方与受让方仍然会完成形式上的土地经营权过户登记，但因合作社本身设立目的与设立行为的瑕疵，法律不应认可此类合作社的合法存在。在此种合作社因违反法律强制性规定而被撤销时，入社的土地经营权应发生返还财产的法律效果，使当事人之间的财产状况恢复到土地经营权流转之前的状态。

（二）土地经营权投资入社后的转投资问题

土地经营权投资入社后的转投资问题涉及合作社取得投资入社的土地经营权后是否有权对其进行再流转。投资者以土地经营权对合作社出资之后，该土地经营权在合作社存续运营过程中成为合作社法人所有的财产，合作社可否以该财产对外出资，如作为股东投入公司或者作为成员投入其他合作社或合作联社呢？《农民专业合作社法》第七章仅对合作社投资设立农民专业合作社联合社规定了具体的法律规则，[1] 并未对合作社转投资于其他合作社或者公司规定具体规则。但同时也应看到，法律对转投资于合作社或者公司也并无特别限制，理论上和实践中确实存在着合作社对其土地经营权进行再流转的必要性。例如，合作社因为对外业务萎缩而暂时对标的农地无法进行充分的耕种或利用；合作社业务尚未充分展开而不能完全利用所有的农地；合作社通过对公司或者其他合作社、合作联社转投资或者作为发起人设立公司可以获得比自行运营土地经营权更高的价值回报等。在此情形，应允许合作社对其成员投入的土地经营权进行包括出资形式的再流转。[2] 唯应注意两点限制：其一，再流转期限超过五年的，仍应履行过户登记手续，否则不能对抗善意第

---

[1] 例如，《农民专业合作社法》第56条规定：“三个以上的农民专业合作社在自愿的基础上，可以出资设立农民专业合作社联合社。”第58条规定：“农民专业合作社联合社以其全部财产对该社的债务承担责任；农民专业合作社联合社的成员以其出资额为限对农民专业合作社联合社承担责任。”这些规定，一方面确定了合作社联合社的法人地位，另一方面可作为法律层面认可合作社转投资于合作社联合社的依据。

[2] 农业农村部、国家发展改革委、财政部、中国人民银行、国家税务总局、国家市场监督管理总局《关于开展土地经营权入股发展农业产业化经营试点的指导意见》规定：“根据公司股东、农民专业合作社成员等各方的意愿和要求，合理确定土地经营权入股的形式，培育一批土地经营权出资发展农业产业化经营的公司、农民专业合作社。农户的土地经营权可以依法直接对公司和农民专业合作社出资，还可以先出资设立农民专业合作社，再由农民专业合作社以土地经营权出资设立公司。”此规定可作为合作社转投资于公司的政策性依据，可以预期下一步的法律修订和法规细则制定将会为合作社转投资设定更为具有操作性的规则。

三人；其二，再流转的出资期限不得超过原流转期限，也不应超过土地经营权的剩余期限。

（三）土地经营权入股农民专业合作社中权责利的差异化配置

农业农村部、国家发展改革委、财政部、中国人民银行、国家税务总局、国家市场监督管理总局联合印发的《关于开展土地经营权入股发展农业产业化经营试点的指导意见》针对土地经营权入股公司及合作社的风险防范问题提出了“优先股”和“先租后股”两项措施，以实现权责利的差异化配置。

“优先股”的实质出自农民以放弃在合作社经营管理上的权利（权力）来换取其在盈余分配和合作社清算、破产中剩余财产分配方面的优先权，同时根据章程规定其从投资主体中获取收益的方式也将由按盈余一定比例分配的方式变为固定比例方式或者两种方式的结合。“优先股”的设置通过合作社组织治理权力和收益分配规则的重新配置使农民投资者能够享有一定的保底收益，极大地降低了其投资风险。

“先租后股”的实践探索并非新生事物，其原理与传统公司法和证券法理论中的债转股及可转换公司债券的发行较为接近。在合作社创立的初期，其生产经营渠道尚未完全打开，未来的经营收益带有相当强烈的不确定性，如果农民投资者在此时入股，其土地经营权将是随公司盈余和净资产等公司基本面情况和财务指标发生价值变动的股权，其必然需要承担这种不确定性所带来的投资风险。如果合作社运营前期农民投资者仅以土地经营权租赁的方式对合作社进行债权投资，则其收益方式为合同确定的固定数额的租金，其投资对于合作社来说属于资产负债表中的负债科目，其投资价值并不会随合作社经营状况的变化而发生变动。一旦合作社运营稳定下来，有了固定可预期的现金流入，则可根据前期租赁合同中的转换办法将土地租赁经营的债权转换为合作社股权。当然，政策的规定意在于对农民投资者的特别保护，主要适用于农民以自己承包的土地为合作社设定土地经营权以实现投资的情形，但对于能否以对第三人的土地租赁经营产生的债权转化为合作社的股权问题并无明确的答案，这仍是一个需要进一步研究或者有待政策制定者明确的问题。与之相关的另外一个问题是，如前期租赁合同中并未规定到期或者一定条件下土地经营权债权投资转化为股权投资的转换办法，实践中是否仍可以实现债权转股权的目的？对这个问题的解答需要分别不同的情形来看待。

第一种情形是土地经营权租赁合同已经履行，合作社尚未对农民投资者支付租金，则农民投资者对合作社的出资义务与合作社对农民投资者的租金支付义务互相抵销，此种情形下的债权转股权事实上就是农民以现金方式对合作社出资。第二种情形为土地经营权租赁合同尚未履行，农民投资者以将来的租金收入对合作社投资，这实际上转化成一个资本认缴与实缴脱离的问题，我国公司法对大多数公司实行资本认缴制，合作社法中则尚无相关的规定，但也无禁止性的强制性规定，所以其效力依赖于合作社章程的规定或合作社成员大会的决议。第三种情形为土地经营权租赁合同已经履行完毕，农民也已收取租金，这种情况下实在没有必要走债权转股权的路径。如农民欲对合作社投资，直接以现金方式投入资金或者重新签订土地经营权的租赁合同按上述第二种情形处理均无不可。

通过以上“优先股”和“先租后股”等创新方式的实施，基本上可以实现土地经营权入股合作社中权责利的差异化配置，但也应注意其实现路径中可能存在的纠纷并为其设置相应的风险防范与纠纷解决机制。

（四）土地经营权入社后的退资问题

农民专业合作社应当遵循“入社自愿，退社自由”的基本原则，[1] 土地经营权投资者有自由选择加入或者退出的权利。没有一个完备的退出机制，既难以解除成员入社的后顾之忧，限制合作社的良性发展，阻碍农业新旧动能转换的步伐，也无法实现对债权人利益及交易安全的有效保障。探讨农民专业合作社出资退出的原因及方式，完善相应的资本价值评估及监管机制，对于保障社员权利，加强社员之间的合作，提高合作社的发展能力和运行效率具有重要意义。《农民专业合作社法》并未规定无限责任合作社和保证责任合作社等类型，而是沿袭了公司法对于公司类型的纯化做法，仅规定了成员有限责任类型的合作社。[2] 对于退社的法律后果，《农民专业合作社法》第28条规定："成员资格终止的，农民专业合作社应当按照章程规定的方式和期限，退还记载在该成员账户内的出资额和公积金份额；对成员资格终止前的可分配盈余，依照本法第四十四条的规定向其返还。资格终止的成员应当按照章程规定分摊资格终止前本社的亏损及债务。"

土地经营权入社之后即作为合作社法人所有的财产参与资本运营，在运营中土地经营权归属于农民专业合作社所有，合作社拥有对土地经营权的占有、使用、收益和按权利性质及法律程序要求进行处分的权利。[3] 合作社对其土地经营权资产进行营运所产生的利润

---

[1] 参见《农民专业合作社法》第4条。

[2] 我国台湾地区"合作社法"则规定了无限责任合作社和保证责任合作社两种形式的合作社。

[3] 《农民专业合作社法》第5条第2款规定："农民专业合作社对由成员出资、公积金、国家财政直接补助、他人捐赠以及合法取得的其他资产所形成的财产，享有占有、使用和处分的权利，并以上述财产对债务承担责任。"该款仅规定了占有、使用和处分的权利，并无"收益权"之规定，一方面是为了与第4条第（五）项规定的"盈余主要按照成员与农民专业合作社的交易量（额）比例返还"及第42条第2款规定的"每年提取的公积金按照章程规定量化为每个成员的份额"相呼应；另一方面也体现了合作社与公司在法律制度安排上不同：公司在提取法定盈余公积金和弥补亏损之前不得进行利润分配，否则，股东有义务将获得的分配利润归还给公司。可见，公司法人利益较之股东个体利益有较大的独立性和优先性；而对于合作社，合作社法人与其成员之间的利益优先顺序，颇值得细细体味。

和资本公积金首先应归于合作社法人所有，但为了体现合作社的合作性质，上述利润和盈余公积金量化到每个成员账户之下。当进行利润分配或者转增合作社资本时，可直接将已经量化到成员账户的利润和公积金进行简化处理，直接分配给相应的成员，从而体现出合作社利润分配“惠顾返还”原则即按交易额进行分配的特殊规则。如属非会员的交易给合作社带来的盈余，或者政府补贴、第三人捐赠等产生的特别收入，则无法体现上述分配原则，只能实行按资分配或者按劳分配等其他分配方式，体现了合作社法人的在合作性之外的营利性等特征。

当土地经营权入社后满足一定条件需要退资时，合作社清算法律制度及合作社的章程规定均可为此提供解决路径。例如，《农民专业合作社法》第 25 条和第 26 条分别规定了退社和除名制度，合作社章程中也可规定农民投资者回购土地经营权及合作社对其实施定向减资等的规则。依《农民专业合作社法》第 27 条的规定，成员在其资格终止前与农民专业合作社已订立的合同，应当继续履行；章程另有规定或者与本社另有约定的除外。这里的例外，既可以是依据合同法规则也可能是团体法规则，约定的主体为退资成员与合作社。《农民专业合作社法》未能区分主动退出与被动除名退出的情形并分别规定退资的法律后果，仅于第 28 条第 1 款规定，成员资格终止的，合作社应当按照章程规定的方式和期限，退还记载在该成员账户内的出资额、公积金份额及成员资格终止前依照该法第 44 条规定需向其返还的可分配盈余。

对于债务的处理，《农民专业合作社法》第 28 条第 2 款规定，资格终止的成员应当按照章程规定分摊资格终止前本社的亏损及债务。这里仍需明确，法律列举的亏损和债务在性质和范围上是有区别的。亏损可能是滚存多年的未弥补亏损，源自经营上的入不敷出；而债务则为常规业务所致，也可能因侵权行为等其他原因产生。合作社运营会计年度内尚未置备损益表（利润表）时无所谓亏损，而债务则为常态经营活动中随时产生的，分摊机制体现了合作社的合作制性质，积极财产按份共有的另一面必然就是消极财产的共同承担。

与土地经营权退社相关的另外一个重要问题就是退社土地经营权的价值评估和退社时农民投资者利益、债权人利益的保护问题。实践中常见的现象就是在农民投资者退社时，通过低估土地经营权的价值侵吞其利益或者利用操纵价值评估程序损害其利益。退社价值评估与入社价值评估是一个问题的两个方面，但又各有侧重点。

首先，退社时土地经营权的价值确定应考虑到土地经营权自身的基本情况，如剩余期限、退社时的市场价值等，而不能简单地用历史成本扣减一定的摊销额度来确定其剩余价值。

其次，应该考虑的是退社土地经营权在合作社经营中所发挥的生产要素价值。因为退社的实质是农民投资者成员资格的退出而非简单的入社财产退出。在社运营的土地经营权与孤立的土地经营权的市场价值显然有所不同。土地经营权退社时，合作社除退还农民投资者剩余年限的土地经营权之外，还应同时支付此价值与按生产要素比例计算的该项土地经营权在社折现现金流价值之间的差额。

最后，值得一提的是，无论是成员主动退社，还是通过农民投资者回购土地经营权、合作社定向减资等实现退社，土地经营权的退出对合作社相关的不同主体都会产生不同的影响，合作社的信用基础因而可能发生一定的变动，有必要在法律上强化合作社成员的出资义务和责任承担，避免随意抽回土地经营权以至影响债权人利益和交易安全。

The Rules and Practice for Investment in Society of Land Management Right under the "Separation of Three Rights"

Zhang Xuxin　Fang Shaokun

Abstract: The implementation of "three rights division" policy and the revision of "Rural Land contract Law" and "Farmers specialized Cooperative Law" provide a feasible way for land management right to invest in farmers professional cooperatives. With regards to the rule of investment of land management right in farmers specialized cooperatives, we can start with the legal orientation of cooperatives and the main ways of equity ownership in the circulation of land management rights. Analyzing the rules of investment of land management right to farmers professional cooperative, such as the rights and obligations of the founder, and the pricing procedure of the cooperative, Pricing criteria and the impact of mispricing when investing in cooperatives on the interests of cooperatives and related subjects. On the basis of this analysis, special attention should be paid in practice to the conversion of land management right to cooperative investment. The land management right is invested in the differential allocation of rights, responsibilities and interests in cooperatives and the return of capital after the land management right is invested in the cooperative.

Keywords: three rights division; land management right; farmers professional cooperatives; Investment in cooperatives

“执行难”的概念变迁

——以我国三十年执行政策为视角

杨建广*　张　琛**

内容摘要：如何化解“执行难”这一“沉疴顽疾”，是全国法院三十余年来的重点工作。而不同时期对于“执行难”概念的不同理解，反映在该时期的执行政策之中。近两年来，随着“基本解决执行难”工作的推进，法院对于什么是“执行难”进行了新的解读，强调将“执行难”与“执行不能”进行区分。一方面，法院对于“执行难”问题的理解与评估标准都更为理性，而在另一方面，从当事人的视角出发，其对于解决“执行难”的理解是只要是生效判决所确定的权益便能得到实现，所谓“执行不能”归根结底还是属于“执行难”之范畴。本文通过结合执行政策实际运行中产生的现象，根据不同时期对于“执行难”的不同理解将之划分为三个阶段，梳理自20世纪80年代中期以来我国执行相关政策的变迁，尝

* 杨建广，中山大学法学院教授，硕士研究生导师，研究方向：诉讼法学。

** 张琛，中山大学法学院研究生，研究方向：诉讼法学。

试探寻"执行难"作为一个司法概念的变迁过程，以期厘清法院执行职权的范围。

关键词："执行难" 执行政策 执行权 政策导向

一、引言：作为概念的"执行难"

20世纪80年代中期，经济审判工作中判决难以执行问题日益突出，"执行难"问题已引起法院、实务界与学界等有关方面的重视。[1] 1987年全国法院工作会议对此问题进行了专门讨论，1988年《最高人民法院工作报告》则首次于官方层面明确提出"执行难"的概念。[2] 至今三十余年间，以最高人民法院为代表的相关部门解决执行难问题的探索从未停歇过，国家出台诸多的政策并采取相应的举措，且在全国范围内多次开展了执行积案清理活动。十八届四中全会明确提出"切实解决执行难"，以保障当事人及时实现裁判权益。2016年3月，时任最高人民法院院长周强在十二届全国人大四次会议上报告最高人民法院工作时承诺："用两到三年时间基本解决执行难问题。"[3] 两年时间已过，各地法院将"决胜执行难"作为执行工作的目标，以广东省佛山市中院为例，该院将基本解决执行难

---

[1] 该时期已有学者就特定地区法院的执行案件现状进行实证调查，并归纳总结"执行难"的原因与解决方式。各地法院亦针对"执行难"问题召开会议，针对执行问题进行专题研究。值得一提的是，这一时期在异地执行的问题上，已开始进行有益探索，如1987年北京市崇文区人民法院协助江苏省盐城市城区法院完成数万元执行标的额的案件执行。参见柯焕锐、叶国均：《经济纠纷案审结后执行难问题探讨》，载《政法学刊》1986年第2期；《人民司法》评论员：《狠抓"执行难"》，载《人民司法》1987年第5期；丁海湖：《解决民事"执行难"之管见》，载《当代法学》1988年第4期。

[2] 时任最高人民法院院长郑天翔在1988年4月1日第七届全国人民代表大会第一次会议上的报告中指出："当前，经济审判工作中最突出的问题是判决难以执行。"对这个问题，1987年的全国法院工作会议进行了专门讨论，指出了法院工作中重审判、轻执行的缺点，强调了要加强执行力量，对有些案件要及时采取诉讼保全措施、为执行创造条件，在必要时强制执行，大力扭转执行难的局面。

[3] 海伟：《周强主持召开最高人民法院专题会议强调：坚决打赢基本解决执行难这场硬仗》，载《人民法院报》，2016年3月29日，第1版。

的日期倒计时精确到某分某秒。[1]

最高院的决心也许能让各界看到化解“执行难”的曙光，但可能使得大众产生一种错觉，即在各级法院的努力下，“执行难”问题便能迎刃而解。真实的情况远非如此简单，解决“执行难”问题依然任重而道远。据《最高人民法院公报》2013年至2016年公布的数据显示，2013年至2016年期间，民商事执行案件的受案数量呈井喷式增长之态，其中2013年为231万件，2014年为264万件，2015年为350万件，2016年为411万件。[2] 虽然执行案件的结案数与之成正比关系，但如何有效在消化积案、解决新案方面有所突破，仍然是法院面临的极大考验：若不着重于提升执行效率，执行工作可能陷入“积了又清、清了又积”的循环。值得关注的是，根据《最高人民法院公报》统计数据显示，作为执行期限内结案率，即法定期限内结案数与案件执结数之比的法定期限内执行结案率，在2015年已高达99.03%，在2013年甚至达到99.52%的峰值。客观而言，如果年执结率已能达99%，那么“执行难”的问题基本上可以消除。然而，最高院在2016年又另行召开破解执行难的专题会议，审议并通过了《关于落实“用两到三年时间基本解决执行难”问题》的工作纲要，说明执行问题不容小觑。

从当事人的角度看，解决“执行难”问题的标准在于实现胜诉判决确定的权利，具体反映在对申请执行的金额能够实现多少，即对执行案件实际执行到位率的关注。但从全国法院司法统计公报与各地法院公布的数据来看，实际执行到位率并不乐观，大部分法院执行案件的实际执行到位率[3]仍处在40%左右，甚至更低数值。一

[1] 唐梦，吕慧敏：《佛山法院：决胜执行难进入倒计时》，载《南方日报》2018年4月26日，第二版。

[2] 参见最高人民法院：《全国法院司法统计公报》，载《中华人民共和国最高人民法院公报》2013年至2016年。

[3] 根据《最高人民法院关于建立执行考核指标体系的通知》（法［2017］302号），实际执行到位率＝实际执行到位金额（执行完毕案件结案金额＋终本案件执行到位金额＋其他方式结案金额＋未执结案件已执行到位金额）/首次执行案件申请执行标的总额。

方面，是高达99%的年执结率与"四个90%、一个80%"❶的目标；另一方面，是常年处于40%左右的实际执行到位率，❷"两到三年内基本解决执行难"的愿景应当如何实现？

在此背景下，有必要厘清"执行难"的内涵。现有文献中关于"执行难"基础概念的研究成果颇丰，但往往是以静态的视角解读某一时期的"执行难"。本文结合20世纪80年代中期至今不同时期的最高人民法院工作报告及报纸、期刊等文献对于"执行难"概念的研究成果，以我国三十余年来执行相关政策的变迁为线索，采用动态的研究思路，探寻"执行难"概念发生嬗变的原因以及因此而产生的现象，并提出"执行难"属于社会问题而非司法问题，以端正社会对执行的认知，理性看待"执行难"问题。

二、"执行难"概念含义的演变

（一）1987—1992年："执行难"概念的提出阶段

改革开放以来，民事审判案件数量逐年增多。20世纪80年代中期，执行案件积压现象开始出现。此外，1987年与1988年的实际执行到位的案件比例经历了一次断崖式的滑坡：据不完全统计，经济

❶ 最高人民法院将"四个基本"具体化为"四个90%，一个80%"的核心指标要求，作为阶段性目标，即90%以上有财产可供执行案件在法定期限内执结，90%以上无财产可供执行案件终结本次执行程序符合规范要求，90%以上执行信访案件得到化解或办结，全国90%以上法院达标，近三年执行案件整体执结率超过80%。参见周强：《最高人民法院关于人民法院解决"执行难"工作情况的报告》，载中国法院网：https://www.chinacourt.org/article/detail/2018/10/id/3542564.shtml，2019年6月5日访问。

❷ 从公开发布的数据来看，各级法院公布其实际执行到位率的情况相对罕见。安徽省和县人民法院曾公布其"实际执行到位率高达49.02%"。实际上，全国各级法院案件的实际执行到位率将远低于这个数值。参见《和县法院"六个强化"提升实际执行到位率》，载http://ahhxfy.chinacourt.gov.cn/article/detail/2018/06/id/3374361.shtml，2019年6月5日访问。

纠纷案件判决后未能执行[1]的比率，1985、1986年均为20%左右，1987年上升到30%左右，有的省高达40%以上。[2] 在执行案件数量增加、难度加大的背景之下，最高院在1988年年度工作报告中明确提出了“执行难”的概念与执行难的问题。

对于“执行难”概念的理解，法院这一时期还处于相对模糊的状态，仅指经济审判中判决难以执行的情况客观存在，但并未对什么是“执行难”做出清晰界定，导致具体执行政策也不成熟。虽有《民事诉讼法》关于执行程序的规定[3]，最高院也就执行问题发布了一些司法解释和批复，但总体看来过于原则，可操作性不强，不能为执行工作提供充分的法律依据。通过当时对“执行难”成因的分析，可以认为“执行难”问题的根源在于“地方保护主义和部门主义”[4]。这体现了当时法院在国家机构及社会结构中的尴尬地位：权大于法、权高于法。为了改变这一现象，之后我国相当长时期内的执行体制改革均围绕着加强法院执行权来进行。此外，当事人履行能力不足在当时还不是破解执行难的最大障碍。因为这一时期申请执行人和被执行人多数是国有企事业单位、集体组织、机关团体等，

---

[1] 关于“未能执行”的具体含义，最高院并未做出明确阐释，且相关司法数据缺失。笔者认为，20%等数据反映的是未能执行的案件数量，即该数据更趋近于反映当时的“实际执结率”（包含无财产可供执行的案件在内）。

[2] 1988年《最高人民法院工作报告》。

[3] 1991年《民事诉讼法》在执行部分有了较大程度的完善，在“一般规定”这一章中增加了关于执行机构的设置、执行和解、暂缓执行以及具有我国特色的执行回转等内容的规定。在“执行的申请和移送”这一章中，规定了法院对仲裁裁决进行审查监督的权力。在“执行措施”这一章中，增加规定了拍卖被执行人财产、加强查明被执行人财产的若干措施，以应对执行实践中已经存在的“执行难”问题。然而民事执行内容过于庞大和复杂，仅通过《民事诉讼法》中原则性的规定无法达到体系化、规范化的效果。参见张卫平：《中国民事诉讼法立法四十年》，载《法学》2018年第7期。

[4] 1988年的最高院工作报告中强调“执行难”的主要原因在于“地方保护主义和本位思想严重”；1989年最高院工作报告则强调，“对这些（指‘执行难’）问题，人民法院今后一定要严肃执法，排除地方保护主义和本位主义的干扰，坚决依法办事”；1990年最高院工作报告指出“造成执行难的因素很多，其中主要是地方保护主义和本位主义的干扰”。

案件类型与执行对象相对单一。当时关于化解“执行难”的具体对策尚停留在学理研究层面，以国家执行政策为导向的具体对策研究明显不足。❶

值得一提的是，1987年之前案件实际执行到位比例一直维持在80%左右，在1987年时骤降至60%～70%，❷ 这一现象背后包含了从计划经济向市场经济转型过程中社会经济结构初步发生转变等诸多复杂的体制因素。易言之，法院提出“执行难”问题，起因并非法院内部执行力量不足，而是随着社会经济发展所产生的客观现象。这为我们研究在之后三十年“执行难”问题为何长期存在提供了思路：从问题根源上看，“执行难”问题恐难仅仅依靠法院之力得到根本解决。虽然这一阶段对“执行难”的理解还停留在“摸着石头过河”的表象阶段，然而历年《最高人民法院工作报告》中均指出，化解“执行难”的目标在于保障当事人的合法权益，维护法律的威严，其中，债权人的合法权益便体现为生效判决赋予的权益实现了多少。可见，致力于突破执行困境，帮助申请人实现生效判决确认的权利才是法院强调解决“执行难”问题之初衷。

（二）1993—2016年：“执行难”概念的稳定期

随着市场经济的迅速发展，人们的权利观念得到空前的强化，通过审判解决纠纷日益普遍，纠纷解决后的执行自然成为一个后续的法律现象。❸ 然而随着案件数量与类型的激增，执行难状况愈演愈

❶ 但仍有一些法院为破解“执行难”采取了创造性的举措。如1990年，深圳中院对一些国有企业存在的债务问题创造性地实施了“放水养鱼”的执行方式，使一批国有企业逐步解脱债务困境，重现生机，同时也保护了债权人的利益。参见陈乾：《敢为天下先——深圳法院30年改革成绩素描》，载《中国审判》2010年第11期。

❷ 参见1988年《最高人民法院工作报告》。

❸ 汤维建：《关于破解“执行难”的理性反思——以执行体制的独立化构建为中心》，载《学习与探索》2007年第5期。

烈，未结执行案件数量与标的金额极高。❶ 在此背景下，法院为化解“执行难”问题进行了诸多尝试：路径方面，从通过执行权内外部分离完成法院内部权力归正，到2008年后致力于实际执行中的困难突破；手段方面，采取了集中清理执行积案、执行信息化建设与社会诚信体系建设等方法化解“执行难”。

20世纪90年代中期，最高院明确指出了执行工作的重点在于“提高队伍素质，加大执行力度，规范执行秩序，严肃执行纪律，加强执行监督”❷，拉开了从执行权力内外部分离入手，进而出台具体执行政策指引解决“执行难”“执行乱”问题的序幕。1999年《中共中央关于转发〈中共最高人民法院党组关于解决人民法院“执行难”问题的报告〉的通知》（1999年11号文件）也提出了“加强执行工作的统一管理和协调”的工作要求。2007年《民事诉讼法》的修订❸标志着“审执分离”的格局基本建立。从1993年到2007年这段时期内，执行工作的方向相较于前一阶段来说更为明确，即以法院内部改革为方向，从理清审判和执行的关系模式入手进而对执行体制进行合理分化与重构。这一时期法院对于执行概念的理解相较于之前也更为明确：执行是指对人民法院发生法律效力的判决，在当事人不能自觉履行其法定义务的情况下，由法院专门工作人员在国家强制力的保障下加以执行。❹ 关于执行中公正问题的衡量标准是责令债务人

---

❶ 《司法部关于积极支持和配合人民法院解决“执行难”问题的通知（1999年9月8日）》。参见郑刚、雷运龙：《“执行难”的法律反思》，载《法制日报》2000年8月13日第2版；李旭兵：《执行难，难在哪儿?》，载《河南日报》2000年8月4日，第2版。

❷ 1996年4月，最高人民法院召开了全国法院第一次执行工作会议，对全国法院“八五”执行工作进行了总结分析，针对面临的问题和任务，提出了“坚持审执分立的原则，坚持严肃执法，努力提高执法水平，充分发挥执行工作的职能作用，维护国家法制的权威和统一，为改革、发展和稳定服务”的指导思想，确定了“提高队伍素质，加大执行力度，规范执行秩序，严肃执行纪律，加强执行监督”的工作重点。

❸ 根据2007年《民事诉讼法》的规定，执行工作由执行员进行；根据需要可以设立执行机构。

❹ 苏宁：《少喊执行难、多想怎么办——全国法院执行情况述评》，载《人民日报》，1996年6月5日，第3版。

履行债务，满足债权人的权利要求。[1] 同时，在执行权力内部修正之外，法院还着力加强直接关系人民群众切身利益和社会安定的案件的执行[2]，并对执行困难的案件采取针对性举措。由此可见，在这一阶段法院解决“执行难”的工作目标与民众的心理预期并无二致。

2008年，执行权力的内部修正基本完成，解决“执行难”由“向内认知”开始转向“向外行走”，重点对实际执行中的困难进行突破。2008年至2016年期间，为了破解实际执行中面临的困境，以最高人民法院为代表的相关部门机构针砭时弊，在不同节点采取了不同的举措。这一阶段涉及解决“执行难”的具体政策较多，其中集中清理执行积案活动、社会信用体系建设、法院系统绩效考核制度的建立等，突出了反映了这一时期执行工作的动态。2008年，法院系统内部开始建立绩效考核制度，并在相当长的时间内影响了法院破解“执行难”工作的导向，法院解决“执行难”的工作重心开始向如何调整执行数据指标倾斜，这使得包括每隔几年就要进行一次的集中清理积案活动在内的一系列执行工作都围绕绩效考核指标进行。

需要说明的是，虽然2007年至2015年的执行工作方向与之前有所差异，但对于“执行难”概念的理解并未有太大变化。从《最高人民法院公报》中《全国法院司法统计公报》所公布的执行案件实际执行率[3]来看（见图1），2007至2015年间，实际执行率虽呈波动趋势，但在较长一段时期内呈逐年增长之态，并于2012年达81.53%的峰值。不可否认，实现生效判决确定的当事人权利仍是法

[1] 参见汤维建：《关于破解“执行难”的理性反思——以执行体制的独立化构建为中心》，载《学习与探索》2007年第5期。

[2] 参见2002年《最高人民法院工作报告》。

[3] 执行标的到位率虽能有效展示解决“执行难”的进展，但由于数据缺失，难以作为纵向分析指标，故本文选取实际执行率作为研究样本。实际执行率为执行完毕、和解并履行完毕的案件之和与案件执结总数之比，实际执行率越高，反映出法院的执行效果越好。需要说明的是，最高院公布的实际执行率数据虽然不仅包含民事案件，但由于民事执行案件在执行案件总数中占据绝大多数的比例，其差别并不影响整体结果。

院执行工作的主要努力方向。综上，从这一时期的执行政策、官方文件及报刊对于解决“执行难”工作的宣传来看，执行工作并未偏离提升实际执行率与执行标到位率的大方向❶。换言之，这二十余年间，法院对于“执行难”概念的理解处于相对稳定的时期。

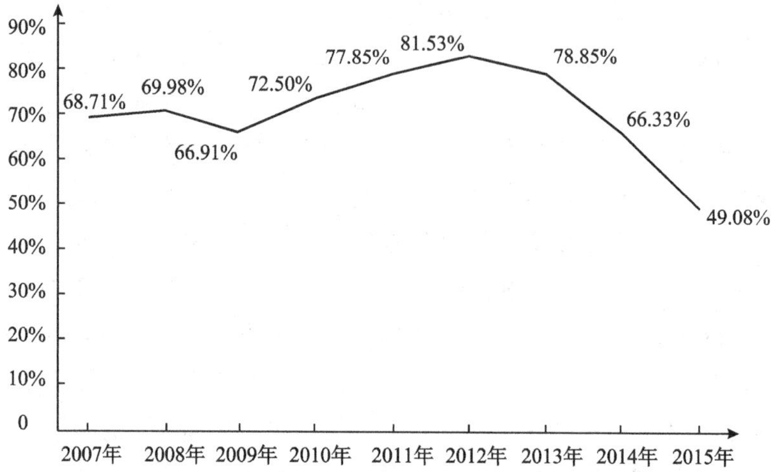

图1 2007年至2015年全国案件实际执行率统计表

数据来源：2008年至2016年《中华人民共和国最高人民法院公报》刊载的《全国法院司法统计公报》。

（三）2016年至今：“执行难”与“执行不能”的概念分离

自2016年3月最高院院长周强提出“用两到三年时间基本解决执行难”的目标以来，最高院等相关部门的执行政策以及各级法院的执行手段层出不穷。这段时期内，执行工作有了明显的进展，执行效率显著提升，执行工作的政策导向更加显著。此外，随着执行政策的变迁，这一阶段法院对于“执行难”概念的解释发生了变化，

❶ 虽出现过以“法定期限内结案率”高达99%强调解决“执行难”工作质效的情况，但整体而言对于执行工作重心的理解并未偏离。

对于"执行难"数据的统计口径也发生了变化。其中最显著的变化是"执行不能"从"执行难"中分离，在实际执行工作中也将两者加以区分。

通过对《人民法院报》[1] 2010年至今提及"执行不能"的频次进行统计[2]发现，2016年之前，有少数研究文献认为有必要对"执行难"与"执行不能"概念作出区分[3]，但并未强调需要将二者作为两个独立的概念来看待，如2015年9月的一篇报道提出，执行工作面临着"案件增多、执行不力、执行不能"等困难[4]，这体现了对于"执行不能"的理解还包含于"执行难"的范畴之内。自2016年以来，强调分清"执行难"与"执行不能"已成为最高院到各级法院的工作趋势。2016年，河南省被确定为解决"执行难"工作重点推进地区，同年10月河南省政协委员冯军义提出厘清"执行不能"与"执行难"的界限的必要性[5]。2018年关于分清"执行难"与"执行不能"的宣传力度空前，"三个90%，一个80%"[6]的核心指标针对有无财产可供执行的案件进行了分别规定；同年9月13

[1] 由于研究样本难以穷尽，笔者选取相对而言更具有权威性与代表性的《人民法院报》作为研究样本。

[2] 笔者在《人民法院报》官方网站首页检索系统中全文检索"执行不能"关键词，共得到283条结果，其中共有63条涉及文中所述"执行不能"。数据来源：《人民法院报》官方网站，http：//rmfyb. chinacourt. org/paper/html/2018 - 09/26/node_2. htm，2018年9月26日访问。

[3] 如张新阶：《外科医生与执行法官》，载《人民法院报》，2014年6月6日，第6版；闫继勇：《临沂：打造"沂蒙司法品牌"》，载《人民法院报》，2014年5月13日，第8版；余冬冬：《影响执行难的外部因素及应对建议》，载《人民法院报》，2015年9月2日，第8版等。

[4] 余冬冬：《影响执行难的外部因素及应对建议》，载《人民法院报》2015年9月2日，第8版。

[5] 刘勋：《正确区分执行不能与执行难》，载《法制日报》，2016年10月27日，第7版。

[6] "三个90%"的要求是指：有财产可供执行案件在法定期限内实际执结率达到90%；无财产可供执行案件终结本次执行程序合格率达到90%；执行信访案件办结率不低于90%。另一个核心指标是"一个80%"，即三年内整体执结率不低于80%，也就是说以终结本次执行程序方式结案率加上法定期限内实际执结率的总和不低于80%。

日最高人民法院联合新浪司法、新浪微博共同推出的“决胜执行难”专栏，将“执行不能”作为列示的主要内容之一❶。

“执行难”，是被执行人有财产可供执行但由于各种原因难以执结，而“执行不能”则是指被执行人无财产可供执行、经执行法院穷尽手段仍不能执行。❷当“执行不能”作为一个与“执行难”平行的法律概念被提出，相应带来了“执行难”作为法律概念的变动，这种变动体现在其内涵与外延两个方面。就“执行难”的内涵而言，法院要解决的“执行难”是指有财产可供执行案件的执行困难，无财产可供执行或仅有部分财产可供执行而无法实际执行到位的案件将不再属于“执行难”案件之列，而长期以来此类案件在所有执行案件中占比居高。最高人民法院《2017年全国法院司法统计公报》公布的数据显示，2017年度，全国法院共受理民事执行案件3943595件，结案3785201件，其中以终结本次执行程序方式结案的共1844118件，占民事执行案件结案总数的48.72%❸。就其外延来看，在解决“执行难”的过程中，当区分“执行难”与“执行不能”已成为明确的政策导向时，各级法院通常会更致力于审查案件是否符合终止本次执行程序的条件，执行的人力、物力的投入亦会有所选择。由此产生的现象是对于有财产可供执行但不予履行、逃避履行的案件投入的人力、物力有所缩减，而此类案件才是实际执行到位率难以提升之症结所在。

此外，在我国，表象下的“执行不能”往往是债务人有履行能力却仍通过各种途径逃避履行，无论是法院或是政府均难以规制。虽最高院提出了无财产可供执行案件终结本次执行程序的合格率应达到

---

❶ 最高人民法院：《“决胜执行难”专栏正式上线》，载 http://www.court.gov.cn/zixun-xiangqing-118471.html，2018年9月14日访问。

❷ 刘建国：《分清“执行难”与“执行不能”》，载《人民法院报》，2018年7月13日，第2版。

❸ 参见2017年《中华人民共和国最高人民法院公报》刊载的《全国法院司法统计公报》。

90%之要求，但在当前关于是否符合终结本次执行程序的审查条件、相应的财产调查机制以及对法院终结本次执行工作的监督机制等尚不完备的背景下，区分"执行不能"的可操作性尚有待时间的检验。

三、"执行难"概念分离制度的实效评估

（一）评估重心从实体走向程序

"执行难"三十年来一直是各级法院攻而不破的顽疾，在解决"执行难"的过程中，无财产可供执行的案件绝非近两年才出现，为何直至2016年法院才开始着重强调"执行难"与"执行不能"的区分，并对"执行难"概念作出了新的诠释？究其原因，不外乎是为"两到三年内基本解决执行难"开辟路径。通过对三十年来执行政策变迁的梳理以及对近年来法院执行工作重点的解读可见，近两年化解"执行难"的阻力与之前相比并无本质变化。如公布失信被执行人名单、限制出行与高消费等实体措施，实则属于在全社会构建诚信体系的范畴，而要在全社会建立起一套完备的信用制度，是难以毕其功于一役的。在此背景下，如何实现"两到三年内基本解决执行难"之目标？正如前述，随着时间的推移及对于"执行难"问题理解的深化，执行工作愈来愈呈现出政策导向性的趋势，"三个90%，一个80%"的核心指标与第三方评估机制的引入使执行评估体系优化成为本阶段执行政策的核心，而优化执行评估体系归根结底是从程序方面着手进行的调整。近两年来，尤其是2018年第三方执行评估机制启动以来，各级法院的执行工作均以"由四大核心指标[1]以及200多项基础性指标共同构成的五大板块"为圆心展开。以

---

[1] "四大核心指标"指"三个90%，一个80%"的要求：即"终本案件合格率""有财产可供执行案件法定期限内实际执结率""信访办结率"和"结案率"。其中"结案率"虽未纳入第三方评估指标体系，但也是基本解决执行难的重要评价标准。

下以广东省规定的基层法院第三方评估指标为例说明（见图2）。

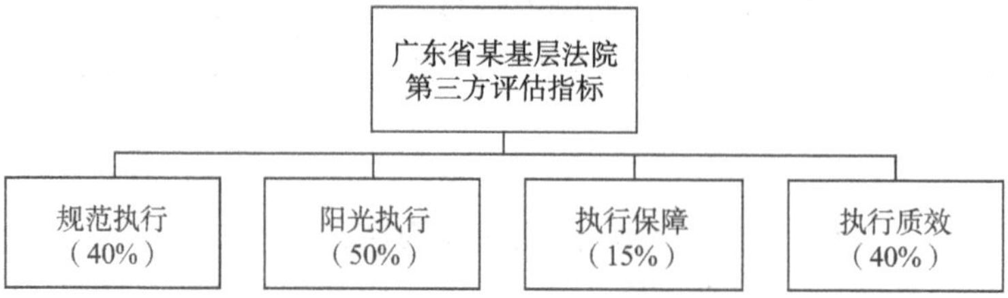

图2　广东省基层法院第三方评估一级指标

首先，关于法院执行工作绩效进行评估的一级指标（见图表3），“规范执行”“阳光执行”与“执行保障”均是对法院执行工作的程序性规制，已占绩效考核60%的比重。将剩余40%“执行质效”下属的二级指标展开来看（见图3），其中民众最为关注的执行到位率只占执行质效评估的20%，在第三方评估中整体仅占8%的比重。在引入第三方评估机制之前，法院内外部对执行工作的评估呈现无体系之样态，但一般而言，主要依据法定期限内结案率、实际执结率、执行到位率等实体指标进行考核。相较于之前，当前执行工作评估机制的显著特征是以程序评价为主，而非针对实际执行效果方面的评价。

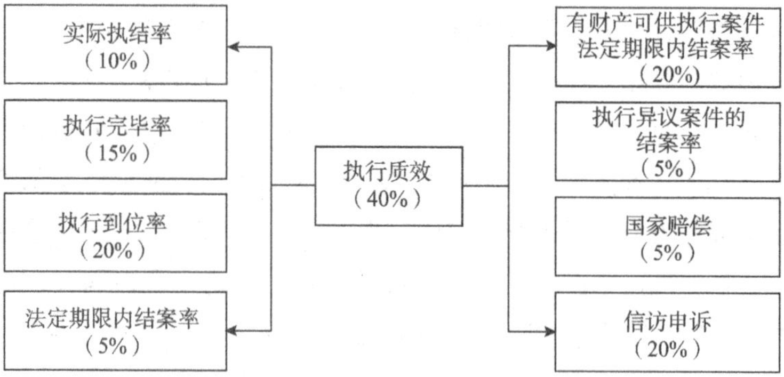

图3　广东省基层法院第三方评估二级指标

其次，对于法院来说，区分“执行难”与“执行不能”，即将有财产可供实行案件与无财产可供执行案件分流，意在为执行案件创造合法合理的退出程序，不失为一种缓解当前执行工作压力的方式。这意味着法院对于执行工作的态度不再是大包大揽，对于穷尽执行力量也无法解决的无财产可供执行案件，不再赋予民众过高的期待。在此背景之下，当前法院对于执行工作的评估标准亦更切合实际。根据《最高人民法院关于建立执行考核指标体系的通知》等文件的规定，以执行到位率的计算为例，申请标的额不仅包括执行完毕结案的案件，还涵盖以终结本次执行方式结案的案件。一方面，这表示了法院对于执行问题的认识更加趋于理性，对确实无财产可供执行的案件不再回避；另一方面，也促使法院规范终结本次执行案件的审查，加大有财产可供执行案件的执行力度，以提升执行到位率回应民众期待。

此外，需要明确的是，即便以法院对“执行难”概念的解读为出发点，重点关注有财产可供执行的案件，实现“有财产可供执行案件法定期限内实际执结率达到90%”这一核心指标也并非易事。以广东省为例，在执行指挥平台“三个90%”和“一个80%”模块中，全省法院2016年1月至2018年8月17日有财产案件法定期限内实际执结率为87.47%，距离达标还差2.53个百分点。而且，对被执行人财产调查权以及最终确定被执行人是否有财产可供执行的权利由法院掌握，在当前“执行难”与“执行不能”的区分标准不明确的情况下，容易产生寻租空间。诚然，将无财产可供执行的案件归类为“执行不能”能够避免有限的司法资源的浪费，然而问题在于，“执行难”与“执行不能”的区分标准应当如何把握？这对于致力达到解决“执行难”核心指标同时又缺乏终结本次执行工作监督机制的法院来说是较大的考验，若把握不好，则极易造成实际执行工作中的乱象。如今年7月底安徽省某基层法院“一元拍卖黑色水性笔”事件引发热议，相关执行裁定书[1]显示，执行标的额为

[1] （2017）皖0302执1177号之一执行裁定书。

17.7万元。从案件的实际情况来看，应当归入“执行不能”一类，法院耗费司法成本进行一元拍卖的做法，实则是通过拍卖使之在形式上成为“有部分财产可供执行”且已执行，可以计入实际执结率的案件。虽说该做法是决胜“执行难”关键时期的无奈之举，但从其造成的社会影响来看，无论是对于解决“执行难”抑或是保障司法权威的公信力均无任何实际意义，恐有舍本逐末之嫌。

（二）民众“执行难”认知与法院执行定位的差异

前述关于各阶段“执行难”概念的梳理、执行政策的制定、执行工作评估指标的确立，都是建立在法院视角之下的。虽说执行工作应当以保障当事人的利益为出发点，但就客观情况来看，民众对于“执行难”的认知历来未成为引导执行政策制定之主流，换言之，民众认知的“执行难”不一定法院的执行工作定位在任何情况下都具有一致性和同步性。在“执行难”概念的提出阶段与稳定时期，这种差异并不显著，但从2016年至今强调“执行难”与“执行不能”的概念区分，并以程序性指标作为执行工作评估的重点开始，法院对“执行难”的界定便与民众的理解出现了偏差。

执行工作的基本出发点在于实现胜诉当事人经由生效判决确定的利益，因此，民众对于执行工作的直观评价系基于涉执标的金额到位程度而进行的，当执行标的不能全部或者大部分到位时，该案便是民众理解之下的“执行难”案件。诚然，执行标的不能到位存在两种情况，第一种是有财产可供执行，但因法院执行力度不足或其他客观原因，案件标的尚未执行到位；第二种则是该案“先天不足”，被执行人并无财产可供执行。而后者即为近年来强调从“执行难”概念中区分开来的“执行不能”案件。如果以民众视角下的“执行难”案件作为本次基本解决“执行难”的基数，由于无财产可供执行的案件现实存在，若想要达到政策既定的目标显然是不现实的。民众视角下的“执行难”是涵盖了法院所界定的“执行不能”案件的，法院“基本解决执行难”的工作重点在于解决法院界定的“执行难”案件，该范围并不涵盖“执行不能”。虽然这种区分更为理性，然而，若从当事人的视角来看，法院为执行工作付诸的努力却未能达到其对于解决“执行难”的期许。案件标的是否执行到位关系到当事人切身利益，因此，当事人对“执行难”的理解并不会随着时间推移与执行工作重心转变而发生变化，结合近来法院等有关部门自上而下对于区分“执行难”与“执行不能”的重视程度来看，民众与法院对于“执行难”概念理解的偏差仍将长期存在着。

这种观念的偏差很大程度上是法院长期以来把解决“执行难”当作一个司法问题来处理而形成的必然结果。对于司法问题，司法机关往往能够通过加强内部工作队伍，集中司法系统内部工作力量的方式加以解决，然而对于一项社会问题，就有必要结合系统外部力量，以及其他相关部门和社会公众对于该项问题的理解来进行综合治理。由于“执行难”问题涉及面广，司法机关也早已意识到解决“执行难”不能仅凭借法院一己之力，但从其相关执行政策出发点来看，仍然是将“执行难”作为一个司法问题来处理，而非社会问题。近两年来，执行工作有了很大进展，内外部联动机制逐渐完善，然而司法机关作为执行政策的制定者，在制定相关政策，推进执行工作之同时，民众对于“执行难”工作的期许同样不容忽视。在强调区分“执行难”与“执行不能”的背景之下，一方面，对于有财产可供执行的案件要尽可能执行到位；另一方面，对于所谓“执行不能”的案件，首先要综合各方力量确认其是否真实的无财产可供执行，只有确实无财产可供执行的案件，才能进入终结本次执行程序，还需要一套完备的恢复执行程序与之配套，一旦发现被执行人有财产可供执行，应当尽快恢复执行，保障当事人权益。

四、结论

2016 年至今，法院执行工作评估标准由重视实体性评估转向着重实现法院执行工作的透明化、合法化、规范化的程序性评估，并引入“执行不能”概念，法院对于“执行难”概念的理解也发生了根本性的变化，更加趋于理性。当前法院所解读的“执行难”案件，指的是有财产可供执行但实际难以执行到位的案件，而无财产可供执行的案件，则属于“执行不能”的范畴。

事实上，即使针对有财产可供执行，要提升实际执行到位率，也是一个缓慢而漫长的过程。“执行难”绝非一个简单的司法问题，而是长期存在的复杂的社会问题，难以仅仅通过法院自身加强执行力量的方式解决。如何从提升国家治理能力的角度出发，摆脱“执行难”过程中法院“单打独斗”的困境，探索把执行局从法院系统中剥离出来，建立具备社会联动机制的独立于司法系统之外的执行局，从体制与机制上根本解决“执行难”，才是今后相当长的时期内需要研讨的话题。

The Conceptual Transition of “Civil Enforcement Difficulty”

——From the Perspective of China’s Thirty Years’ Enforcement Policy

Yang Jianguang　Zhang Chen

Abstract: How to solve the “civil enforcement difficulty” of this “stubborn disease” is the court for more than 30 years of focus. Different understandings of the concept of “civil enforcement difficulty” in different periods are reflected in the implementation policies in this period. In the past two years, with the progress of “basically solving the civil enforcement difficulty”, the court has made a new interpretation of “civil enforcement difficulty”, emphasizing the distinction between “civil enforcement difficulty” and “impossible execution”, which is different from the previous understanding of the concept of “civil enforcement difficulty”. Based on the phenomenon generated in the actual operation of the enforcement policy, this paper divides it into three stages according to the different understanding of "civil enforcement difficulty" in different periods. It restates the changes of the implementation of relevant policies in China since the mid - 1980s and tries to explore the process of "civil enforcement difficulty" as a judicial concept.

Key words: "Civil Enforcement Difficulty"; Enforcement Policy; Civil Enforcement Power; Policy Orientation

新型农村合作金融监管研究

李媛媛*

内容摘要：合作金融异化与合作金融发展滞后的根本原因是监管中政府的定位不清。我国农村合作金融的法律地位应属于“合作性”金融机构而非银行业金融机构。农村合作金融的监管权配置应实行中央和地方金融监管权分权的模式，监管权力主要以地方为主；中央监管权的范围应以“成员封闭、业务封闭、不以营利为目的”和成员的根本权利保障为界定标准。在合作金融与政府之间的关系中，应恢复合作金融民办、自治、自立、民主管理的本质。监管框架设计应以此为切入点，形成中央监管权、地方监管权和农村合作金融组织自治权的纵向分权，以及合作金融组织垂直的自控式监管体系，以便将监管风险化解于内部。

关键词：农村合作金融　监管　自治

2006年12月中国银行业监督管理委员会颁布了《关于调整放宽

---

* 李媛媛，浙江农林大学文法学院法律系副教授，研究方向：经济法学。

农村地区银行业金融机构准入政策，更好支持社会主义新农村建设的若干意见》（银监发〔2006〕90 号），2007 年 1 月 22 日银监会又出台了《农村资金互助社管理暂行规定》（银监发〔2007〕7 号），规定，由政府银监部门组建农村资金互助合作社，并行使农村合作金融的监管权，开辟了典型的农村合作金融发展的计划准入通道。[1] 2007 年 3 月，银监会批准设立了第一家村级农村资金互助社，被认为是在我国农村信用合作社发展遭遇困境之后农民信用合作组织的“另起炉灶”。2008 年 10 月，党的十七届三中全会审议通过的《中共中央关于推进农村改革发展若干重大问题的决定》首次明确提出，“允许有条件的农民专业合作社开展信用合作”；2009 年中央“一号文件”进一步要求“抓紧出台……农民专业合作社开展信用合作试点的具体办法”。但政府的美好设想再次受挫，根据银监会“新型农村金融机构 2009—2011 年总体工作安排”，银监部门计划用 3 年时间完成 161 家农村资金互助社的组建，但在政府的严格审批制下，2012 年银监会开始暂缓审批农村资金互助社牌照。截至 2013 年 6 月，获批的农村资金互助社也只有 49 家，且多为亏损经营，此后农村资金互助社暂停审批。即使不暂停审批，按该发展速度，在我国 4 万多个乡镇 60 多万个行政村普遍设立农村资金互助社还需要数万年。[2] 2015 年提出已成立的农村资金互助社可以逐步转化为村镇银行。[3]

至此，由银监部门推动的农村资金互助社这一制度创新仅运行 5 年就停止了。[4] 但其他准正规或非正规农村资金互助合作组织却蓬勃发展，2014 年中央“一号文件”也强调：“发展新型农村合作金融

---

[1] 参见夏英：《新型农村合作金融发展现状与对策》，载程恩江、刘西川、张建伦编：《农业合作社融资与农村合作金融组织发展（农业产业组织与农民合作社研究系列丛书）》，浙江大学出版社 2014 年版，第 2411 页。

[2] 张德峰：《合作社社员权论》，法律出版社 2016 年版，第 3 页。

[3] 汪小亚：《新型农村合作金融组织案例研究》，中国金融出版社 2016 年版，第 2 页。

[4] 同上，第 32 页。

组织”，“不断丰富农村地区金融机构类型”，“推动社区性农村资金互助社组织发展”。而2015年中央“一号文件”也明确：“稳妥开展农民合作社内部资金互助社试点”。2016年的“中央一号”文件提出，扩大在农民合作社内部开展信用合作试点的范围。“中华人民共和国国民经济和社会发展第十三个五年规划纲要”同样指出，稳妥开展农民合作社内部资金互助试点。通过几次专业机构调研的结果来看，农村合作金融组织的产生和发展已不是个别现象，而是普遍问题。各地农村合作金融需求日益迫切，不同形式的合作金融组织层出不穷。当前这种各地普遍存在、监管缺位的农村合作金融组织创新愈演愈烈，真正到了不得不高度重视、加快引导、避免其走农村合作基金会老路的关键时期。❶ 这些新尝试、新动态亟须理论界做出积极的回应。

一、新型农村合作金融监管存在的问题

面对分散的农村信贷市场，农村资金互助社拥有信息透明、定位明确和交易成本低廉的优势。❷ 当前农村合作金融组织形式多样、名称各异，但按管理主体，大致可以分四类：第一类是银监会批设的农村资金互助社；第二类是农业部门推动并依托农民专业合作社（包括由供销社创办或领办的；山东省新农村合作金融试点项目，也可以广泛地纳入这一范畴，但有其自身的特殊性）而建立的或是地方政府推动的资金互助合作社；第三类是由扶贫办和财政部门联合开展的贫困村互助资金试点，第四类是农民自发形成的资金互助社。只有第一类是由银监部门批设的、有金融业务许可证的农村资金互助社，属正规农村合作金融组织，但由于存在根本制度缺陷，2012

---

❶ 汪小亚：《新型农村合作金融组织案例研究》，中国金融出版社2016年版，第22页。

❷ 高晓光、罗俊成、姜丽丽：《金融包容视角下的农村资金互助社发展问题研究》，载《当代经济研究》2016年第5期。

年已经停止批设，计划全部改制为商业性金融机构。第二类和第三类是准正规农村合作金融组织，而最后一类是非正规农村合作金融组织，基本完全游离于任何政府的监管之外，难以统计。

（一）正规新型农村合作金融组织的监管制度存在缺陷

1.《农村资金互助社管理暂行规定》存在制度缺陷

银监会批设的农村资金互助社的主要制度依据来自《农村资金互助社管理暂行规定》，对农村资金互助社的准入要求过高，虽然银监会已经降低了三类新型农村金融机构的准入门槛，但相对于小贷公司和村镇银行，农村资金互助社的准入标准对于我国广大农村地区来说，仍然意味着过高的成本，尤其是对我国中西部地区而言，“准入门槛过高，营业场所门槛过高，管理人员门槛过高”[1]。而《农村资金互助社管理暂行规定》第20条“单个农民或单个农村小企业向农村资金互助社入股，其持股比例不得超过农村资金互助社股金总额的10%，超过5%的应经银行业监督管理机构批准”，使得资金来源本就受困的资金互助社在资金问题上更加艰难。

此外，对农村资金互助社这种农村合作金融组织采取与商业银行类似的监管政策，依据《农村资金互助社管理暂行规定》第47条“农村资金互助社应审慎经营，严格进行风险管理：（一）资本充足率不得低于8%；（二）对单一社员的贷款总额不得超过资本净额的15%；（三）对单一农村小企业社员及其关联企业社员、单一农民社员及其在同一户口薄上的其他社员贷款总额不得超过资本净额的20%；（四）对前十大户贷款总额不得超过资本净额的50%；（五）资产损失准备充足率不得低于100%；（六）银行业监督管理机构规定的其他审慎要求”，农村资金互助社不得不按审慎监管要求的各种监

[1] 参见夏英：《新型农村合作金融发展现状与对策》，载程恩江、刘西川、张建伦编：《农业合作社融资与农村合作金融组织发展（农业产业组织与农民合作社研究系列丛书）》，浙江大学出版社2014年版，第1419页。

管措施和资料报表履行各项义务，这对农村资金互助社来说要求过高。同时，复杂的监管指标也影响了农村资金互助社“一人一票，民主管理”的运营机制，更无法灵活满足当地的资金需求，勿用说发挥互助组织“互助自治，服务社员”的根本宗旨，而这些都背离了合作金融的根本准则。监管机构无视资金互助社的特殊性质，按一般农村金融机构的样式来对农村资金互助社进行监管，也制约了资金互助社服务“三农”的能力。

除了《农村资金互助社管理暂行规定》本身的制度缺陷，其外就是《农村资金互助社管理暂行规定》中的监管制度缺乏配套措施，配套制度明显不足，缺乏针对资金互助社长效、系统、稳定的配套制度支持。如缺乏对农村合作金融机构的融资制度支持；财政、税务等部门的政策支持力度也不够；再如资金互助社不能享受在人民银行再贷款及税收的优惠政策，导致资金互助社只能进行简单的社员存贷业务，从而与其他金融机构相比没有业务方面的优势，而合作组织的其他优势又因为银行业金融机构的定位无法发挥，所以整体来说资金互助社毫无竞争优势。

2. 准正规新型农村合作金融组织的监管制度存在不足

依托农民专业合作社的新型农村资金互助组织监管制度存在空白。依托农民专业合作社开展信用合作的农村资金互助社，制度创新方式最多、影响最大、问题最复杂，包括以赊销为特点的商业信用合作、内置式资金互助、外置式资金互助、龙头企业或种养大户主导的混合式合作。从商业信用合作到货币信用合作，从在专业合作社内部产生的资金互助行为到成立独立的农村资金互助组织，依托农民专业合作社的农村信用合作是一种实现产业与资金紧密结合、具有“合作金融”雏形的信用合作模式，在缓解农村地区资金供需矛盾、提高资金运行效率和促进农业生产发展中具有重要的作用。[1]

[1] 汪小亚：《新型农村合作金融组织案例研究》，中国金融出版社2016年版，第3、4页。

但我国的《农民专业合作社法》没有明确规定资金合作的内容，也没有关于农民专业合作社内部开展信用合作的监管规定，而按照中央农村工作领导小组副组长、办公室主任陈锡文2015年2月3日在国务院新闻办公室举行的新闻发布会上指出的“关于农民合作组织内部的资金互助组织，坚持谁批准谁监管，出了责任谁负责的原则”，批准的机关经常比照银行等金融机构的监管制度来进行监管，这就使得现行监管体系下的这一类农村资金互助不能体现合作金融的特质和优势，往往发挥的还是银行基本的存储功能；也未能发挥合作金融依据“熟人社会”开展资金互助的优势，“信用”并未发挥应有的作用，资金使用上也有很大的局限性；在内部机构设置及治理中依然按照金融机构的样式，并未体现合作金融“人合”的特点，甚至在有的地方出现行政化的趋势，完全背离了合作金融的“合作”性。

（二）新型农村合作金融监管制度不适应合作金融的本质

贫困村资金互助社是扶贫资金运用的制度创新，由扶贫办和财政部共同推动贫困村资金互助试点。实际上，这是以财政扶贫资金为依托建立的一种新的反贫困机制，实现了扶贫资金与贫困村产业的有机结合，是产业扶贫、精准扶贫的有效方式，激发了贫困户的积极参与，取得了较好的效果。但由于各省区的能动性差异，导致在财政支持力度和制度建设等各方面的差异较大，整体来看互助资金规模不够，平均每个农户需要几年的时间才能得到一次借款机会。按现行法律，在民政部门注册则不能有国家财政资金参与，不能有经营性质；而在工商部门注册属于经营性质，又要涉及税收等问题。[1] 因此，这种政府主导的方式加之贫困村资金互助社本身定位不清、地位不明、法律制度不健全，导致其与合作金融的本质特性相悖，由于“出身”的正统而无法体现草根性，但又挂着合作金融的

[1] 李晖：《中国贫困村互助资金》，经济科学出版社2012年版，第63页。

牌子，所以就是“官生民养”，在管理、激励、监管等各方面都存在错位和脱节。

以“山东试点”为例。“山东省新型农村合作金融试点”是唯一经国务院批准的正式试点省份，为规范改革，山东省实施了《关于印发山东省农民专业合作社信用互助业务试点方案》（简称《试点方案》）及《山东省农民专业合作社信用互助业务试点管理暂行办法》（简称《暂行办法》），按照相关规定，只有专业合作社（包括由农业部门牵头或认定的、供销社创办或领办的两大类农民专业合作社）的社员有资格参加资金互助，除去一些资格不够的和不愿意参加的。实际上参加资金互助的人数少于合作社社员人数，但风险在整个合作社内分担，违反合作金融组织形式所要求的公平原则，有违合作金融的本质特性与价值追求。

《试点方案》的制度设计主要是商业性的，而不是符合“合作”制这种组织形式的制度安排，更多的是“资合”，与合作金融的“人合”本质相差甚远。所以在互助方式上，也主要是以资金为基础的互助，强调抵押等商业贷款方式，未能发挥合作金融依据“熟人社会”开展以信用为基础的互助的优势[1]。同时，在管理上也未发挥合作金融应有的民主管理方式的优势，由此衍生出的风险监督和防范措施也主要是针对“资合”的。《试点方案》中的一些措施，如“不支付固定收益”基本无效，由于没有预先确定的收入预期，许多农民仍然选择把钱存入银行，参与基金互助的积极性很难调动起来。因此，在实践中，他们往往采取一些迂回的措施，以变相的形式实现固定收益，所以这一条款在某些地方基本上名存实亡。这种信用合作社在很大程度上没有很好地发挥“合作社”的组织优势。

---

[1] 汪小亚：《新型农村合作金融组织案例研究》，中国金融出版社2016年版，第101页。

（三）新型农村合作金融监管权力运行无序

1. 正规新型农村资金互助组织的“监管抑制”和“监管无效”并存

姜柏林在调研梨树县闫家村百信资金互助社后判断，它目前基本处于“冬眠状态”。一方面，它规模上并没有得到成长，业务也基本停滞，原因虽是多方面的，但问题的症结应该在监管抑制方面。[1]另一方面，银监部门的监管体系又无法有效地发挥监管作用。比如由于我国农村分散广阔的地理特点，决定了银监部门[2]对于我国银监会批设的农村资金互助社进行现场监管的难度大、成本高，从而使得银监部门的现场监管根本无法发挥应有的作用，给地方政府的越权监管留下了空隙（如很多地方政府在资金互助社注册以后不准吸收新会员[3]）。总之，这套监管制度“里外不是人，左右不讨好”，不仅抑制了合作金融发挥应有的优势，限制了合作金融的发展，[4]而且不能真正地使银监部门的监管权力有效实施。

2. 准正规新型农村资金互助组织陷入监管困境

（1）监管机构的不适当监管。依托农民专业合作社开展信用合作的农村资金互助社大多不能在工商部门登记，有的只能在民政部门登记为社团法人。自从党的十一届三中全会允许有条件的专业合作社开展信用合作以来，出于对农户和小企业贷款难问题的关注，地方政府对信用合作的积极性很高，但是由于设立正规的农村资金

---

[1] 植凤寅：《农村资金互助社十年》，载《中国金融》2014年第16期。

[2] 目前原银监会在全国31个省区市和5个计划单列市（大连、宁波、厦门、青岛、深圳）设立了36家银监局，于306个地（市）设立了银监分局，于1730个县（市）设立了监管办事处。

[3] 汪小亚：《新型农村合作金融组织案例研究》，中国金融出版社2016年版，第43页。

[4] 汪小亚：《新型农村合作金融组织案例研究》，中国金融出版社2016年版，第50页。

互助社的准入要求较高，很难从银监会获取金融营业执照，所以出现了在地方备案由地方监管的农村资金互助组织，如江苏省灌南县对25家农村资金互助合作社监管的仅有4名员工，而江苏省的农村资金互助组织有400多家，很多已经超出了熟人社会的范畴，被正规金融机构称为山寨银行。这些打着农民资金互助社的幌子高息吸储、高息放贷的“山寨银行”，使本应服务“三农”的资金互助社成了农村资金的“抽水机”。[1] 这一类农村资金互助，由于法律法规没有明确的监管规定，应该按照2014年中央一号文件指出的规则进行监管，“在管理民主、运行规范、带动力强的农民合作社和供销合作社基础上，培育发展农村合作金融，不断丰富农村地区金融机构类型。坚持社员制、封闭性原则，在不对外吸储放贷、不支付固定回报的前提下，推动社区性农村资金互助组织发展。”

但在实践中由于没有法律规定，更没有监管职权的规定，导致很多资金互助组织没有得到有效的监管，如有的信用合作组织对盈余分配的规定容易导致追求利润最大化，有的信用合作组织在业务上没有得到有效的指导不够专业。正如谢勇模指出的，有的合作金融组织发展社员还需要当地监管部门审批，有的地方不让合作组织盈余二次返还，还有些地方因为发生过假借合作社的名义进行集资诈骗的案件，地方监管部门就一刀切地让工商部门暂停合作社的审批，而另一种极端就是放任发展，好的坏的一起都进来了，正所谓“一放就乱，一管就死”。[2]

（2）贫困村资金互助社“自律”和“他律”的界限不清。在我国，贫困地区农户分散、小规模的生产经营方式与具有超强渗透力的大市场和高度分工的大社会之间往往是断裂的，无法在两者之间建立起有效对接的渠道，尤其是弱势农户无法应对与小农经济格格

---

[1] 夏英、宋彦峰、濮梦琪、李芸：《农村资金互助合作组织培育与规范发展研究》，清华大学出版社2015年版，第1459页。

[2] 植凤寅：《农村资金互助社十年》，载《中国金融》2014年第16期。

不入的经济社会环境。贫困村资金互助的初衷之一就是通过资金互助，提升农民的组织能力、强化对农民的金融支持。[1] 但其基础和前提是“合作”，其原则是“自治”，政府既要做大量工作推动、帮助和支持扶贫资金互助组织，但又不该直接或通过“村两委”间接侵蚀其自治权利；互助资金既要有效利用政府提供的资源，又要保持独立及民主治理。这样才能使合作金融本质上的“自律”发挥优势，才不会走上异化的道路，然而对于政府参与其中甚至主导的所谓合作组织来说，尤其在没有适当的法律制度保障的情况下，要做到这些实在是难上加难。

二、新型农村合作金融监管问题产生的根源

农村合作金融组织缺乏自治权。所谓的“新型”只是相对于中国原来的合作金融而言是新的，而我们原来所谓的合作金融并非真正的合作金融，只能称为“名义上的合作金融”。我们今天要发展的新型合作金融，其重点是突出“合作”的属性。按照国际合作社联盟《关于合作社界定的声明》，合作社是自愿联合起来的人们通过共同所有与民主管理的组织以实现其共同的经济、社会、文化目标与抱负的自治联合（autonomous association）。合作社是建立在自助、自担责任、民主、平等、公平与团结的价值基础上的。从国际合作社联盟《关于合作社界定的声明》对于合作社的定义“……自治联合体”到原则四的“自治与独立”合作社原则，是合作社将其价值付诸实践的指导方针，合作社原则[2]如下。

首先，合作社是自愿的组织。它向一切能够使用其服务并愿意承担社员责任的人们开放，没有性别的、社会的、种族的、政治的

---

[1] 李晖：《中国贫困村互助资金》，经济科学出版社 2012 年版，第 63 页。

[2] 国际合作社联盟：《关于合作社界定的声明》，http：//www. ucmse. cn/guojiwenxian－134892－10731－item－29363. html，2019 年 4 月 18 日访问。

或宗教的歧视。其次，合作社由民主的社员控制。合作社是由其社员控制的民主组织，社员主动参与合作社的政策制定和决策。选举产生的男女代表都要对社员负责。在初级合作社中，社员享有平等的投票权（社员一人一票）；其他层次的合作社也以民主的方式进行组织。再次，社员经济参与。社员向合作社公平地履行出资义务，并享有民主控制合作社资本的权利。合作社资本中通常至少有一部分是合作社的共同财产。社员对于那些为取得社员资格而缴纳的资本，一般没有报酬，如果有报酬的话，通常也只是收取有限的报酬。社员分配盈余用于如下某项或所有各项之用：可以建立公积金来发展合作社，但公积金至少有一部分是不可分割的；按社员同合作社交易额的比例向社员返利；支持社员认可的其他活动。原则四是自治与独立（autonomy and independence）：合作社是由其社员控制的自治的（autonomous）、自助的组织。如果合作社要同其他组织（包括政府）达成协议，或者要从外部来源筹资，则必须以确保其社员的民主控制和坚持他们的合作社自治为条件。

我们可以看出，自治本身就是合作社的灵魂。自治的内涵是合作组织有管理和控制自己的自由，就是合作组织享有自己管理和控制自己，排除任何其他人的控制、不受他人影响的自由，实际上这本身就是一种权利，是“合作”这种组织形式固有的内在要求，但在中国的基层政治背景下却存在者障碍。民主形式根据同意权力，在乡土社会中，基层上所表现出来的却并不完全是许多权利上相等的公民共同参与的政治。

当前，一方面很多政策鼓励基层农村信用合作的探索，另一方面监管制度仍然没有划清自治权和监管权的界限。政府的角色就是维持好市场秩序，而不是过多地参与资金互助组织的日常经营和管理，否则，不仅把资金互助组织管死了，也会无形中增大监管成本。[1] 21世纪以来，因政府不当的帮助行为却损害了社员自助精神

---

[1] 植凤寅：《农村资金互助社十年》，载《中国金融》2014年第16期。

并限制合作社发展的现象在亚洲国家引起了广泛关注，[1] 2004 年的《新德里宣言》[2] 便提到："亚太地区各国政府在促进合作社发展方面发挥了非常重要的作用。然而，在这一过程中，合作社过分依赖政府的问题经常出现，特别是在发展中国家，这限制了合作社充分发挥其潜力"。[3]

另外，大部分学者认为政府的不适当干预是我国合作金融异化发展的主要原因，如"中国的合作性金融在中国特殊国情及经济社会体制下，无论是解放前还是解放后，发展都远不充分，且时断时续缺乏连续性与制度的保证，这其中共同的原因是中央集权体制下的强烈的政府人为干预。"[4] 合作金融与政府监管存在内生冲突，农村资金互助社的独立自主性[5]决定了政府对其监管应当是有限的。除非出于维护社会公共利益的需要而由政府对农村资金互助社进行监管，农村资金互助社的设立、管理与运行应当主要留给社员自行决定。实际上，农村资金互助社通过其自主制定的章程，依靠当地的习惯规范以及互助社自身的特有优势，可以有效地进行风险管理。因此，就农村资金互助社的监管模式改革而言，我国当前银监会的监管职能需要收缩，监管的范围要改变，同时，农村资金互助社的自我管理能力也需进一步加强，但这些均需纳入法律的框架中。[6] 如果说农村金融自治有其合理性，那么农村合作金融组织，由于其"合作"本质决定的自身治理机制及地域性等特征，其自治具有可行性和紧迫性。

---

[1] 张德峰：《我国合作金融中的政府角色悖论及其法律消解》，载《法学评论》2016 年第 1 期。

[2] 2004 年在印度新德里举行的国际合作社联盟亚太地区第 7 届合作社部长会议通过的《新德里宣言》。

[3] 中华全国供销合作社总社国际合作部编写：《国际合作社联盟》，中国社会出版社 2009 年版，第 115 页。

[4] 白钦先，胡巍：《试论综合视角下的农村合作金融改革——基于哲学、历史、人文、经济与社会的综合视角》，载《经济问题》2014 年第 9 期。

[5] 英文摘要用的 autonomy，应指自治权。

[6] 张德峰：《论农村资金互助社的政府有限监管》，载《现代法学》2012 年第 6 期。

（一）中央与地方监管职权混沌

很长一段时间里，地方金融部门并无监管权力和相关的责任，所以缺乏监管的资源和专业能力，而中央的监管离我国广大基层农村地区较远。基于我国基层农村地区的地理及文化等特殊具体情况，中央的统一监管难免脱离地方农村实际，现行立法一直没有明确地方与中央金融监管的职权划分。尽管“地方金融监管”的概念自2013年11月9日至12日中共十八届三中全会提出以来，已经引起了广泛关注，但对于地方金融监管的职权范围至今没有明确规定，以至于随着对地方金融监管的重视，出现了走向另一个极端的案例，就是地方金融监管权力泛化，大事小情都纳入其麾下，自己不堪重负还造成越权——或是侵犯了其他机构的权力或是侵犯了合作金融组织的自治权。

（二）竞争的金融市场与农村金融特殊政策之间的悖论

农村金融主流范式到目前为止有两类[1]，一是补贴信贷范式，二是农村金融市场范式。补贴信贷范式假设农业是弱势产业，农民是弱势群体，农村是弱势区域，就需要扶持，并加以补贴。补贴信贷范式主张政府以指令性信贷的方式，大力干预金融市场。[2] 而农村金融市场范式强调市场机制的作用，其主要理论前提与农业信贷补贴论完全相反。随着小额信贷的兴起，随着世界银行主流的金融机构日益认识到补贴信贷是一个误区，所以转向农村金融市场范式。上世纪80年代以来，我国也转向了农村金融市场范式，就是通过发展金融，向农民获取商业利率。而后我们提出了一个局部知识范式，

---

[1] 冯兴元：《农村金改关键是实现金融自治》，载《上海金融报》，2013年2月19日，A07版。

[2] 隐含的预设是农村居民没有储蓄能力，农村面临慢性资金不足问题。穷人较少参与正规金融活动的原因是他们无法进行储蓄和物理支付市场利息。农民都是弱势的，包括农业收益的不确定性，投资长期性，低收益性等等。但这些预设，后来基本上都被推翻了。

认为市场是不完全的，信息是不完全的，但是如果利用局部知识[1]拓展市场，很多问题就被解决了。从局部知识范式来看，就是分支机构把产品和服务下移到更加基层甚至是农户当中，就解决了信息不对称的问题。[2] 如前所述，中国当前所面临的困境就在于，一方面必须建立充分竞争的金融市场，另一方面又必须对农村金融发展所面临的问题制定特殊的政策。特殊制度怎么“特”？特殊制度，又强化了公权力，很难起到强化农民金融意识的作用，而且整齐划一的制度往往很难对我国广大农村的多样性有所折射。再有中央政府很难知我国八方之事，对地方问题由于不了解当地情况，往往主要通过制定政策性文件来摸索经验，稳定性和规范性欠缺。大量文件对同一问题的规定往往标准不同、倾斜不同，反而对其他主体不公平。

中央政府也认识到这个问题，在2014中央“一号文件”中提出新型农村合作金融的地方政府金融监管要“完善地方农村金融管理体制，明确地方政府对新型农村合作金融监管职责，鼓励地方建立风险补偿基金，有效防范金融风险。适时制定农村合作金融发展管理办法”，原因就在于：（1）我国农村合作金融组织小而多、形式多样，地方政府更贴近被监管对象，更方便采取贴近式和差异化的监管方式[3]；（2）相对于中央，地方政府能及时地掌握最第一手的资料、更加迅速地做出反应；（3）农村合作金融组织的经营原则决定了其经营是地方性的、非跨区的，风险往往也是局部的，在地方

[1] 所谓的局部知识是指散布在不同个体当中，有关具体时间和地点的特定情形的知识，即很多分散的知识，在不同群体当中，涉及特定的情形，而并非为所有人所知的知识。我国农村金融整体问题较多，农村的中小企业很多都比较分散，尤其是小农式的。如果比较大的金融机构，单纯利用公众比较容易获得的知识，只能做标准化的产品，其信贷配给程度往往是比较高的。

[2] 冯兴元：《农村金改关键是实现金融自治》，载《上海金融报》，2013年2月19日，A07版。

[3] 高晓光、罗俊成、姜丽丽：《金融包容视角下的农村资金互助社发展问题研究》，载《当代经济研究》2016年第5期。

政府的职责范围之内，地方政府也更容易在当地组织监管力量。（4）农村合作金融组织事关地方经济发展大局，一些地方政府对其关注有加，很多地方都出台了相关文件，具有监管的主动性和积极性。但这一切都有赖于监管权力在地方和中央政府之间的合理配置。

三、保障新型农村合作金融健康发展的监管对策

（一）农村合作金融监管制度设计的本质剖析

正如兴起于20世纪90年代的法与金融学理论认为，一国法律制度与产权安排一样，对金融发展起着至关重要的作用。在市场经济中，法律制度是投资者权利最重要的来源和保障，投资者权利的法律保护程度对于金融服务的效率与质量起着关键性的作用，因而应重视法律的制定。[1] 农民合作社发展中的政府行为是合作社理论与实践的核心问题之一。在我国强势政府全面治理的情境中，农民合作社与政府之间存在着不对称的相互赋权关系，政府拥有较大的干预优势和作用空间。合作社的发展并不是简单的农民合作或不合作的问题，而是国家、地方政府、农民等农村利益主体之间权利的重新划分和利益的重新调整，其发展路径、发展水平、组织形式都取决于各利益主体的相互博弈以及最终形成的博弈均衡。[2] 公共治理时代是软法的时代。这就需要从理论上回答自治与他治的界限和领域分配，如何以宏观制度框架给予自治以空间和保障，微观制度又如

---

[1] La Porta, R., Lopez - de - Silanes, F., Shleifer, A., Vishny, R. W., Law and Finance. Journal of Political Economy, 1998 (106): 1113 - 1155.

[2] 徐旭初：《农民合作社发展中政府行为逻辑：基于赋权理论视角的讨论》，载《农业经济问题》2014年第1期。

何保证自治的民主及自由的问题。[1]

合作金融组织的特征是资金自筹，管理自治，不以利润最大化为其宗旨，而以追求组织内享有金融服务的最大公平为最高目标，不同于追求利润最大化的商业性金融，也不同于追求特定领域公共利益最大化的政策性金融。[2] 农村资金互助社有其存在的必要性，从需求方面来讲，有效缓解金融空白地域和弱势群体的正规信贷约束，尊重和提升了他们的金融发展权利；从供给方面来讲，提供了契合弱势群体金融服务需求特征的组织形式和制度安排，同时也起到了引导、规范民间资本投资的作用。[3]

各国合作金融的成功实践和与时俱进的发展演进，显示出合作金融的强大生命力，与传统正规金融相比，其具有交易成本低、信息比较充分的经济优势，与其他非正规金融相比，其具有业务运营规范、成员融资利率低、风险相对可控的经济优势。合作金融立法应当切实保护合作金融机构经营自主权。独立自主是合作金融机构的基本属性之一，即作为平等的市场主体，农村合作金融企业的合法权益需要加以制度保障；作为企业法人，合作金融机构要自我经营、自我发展、自负盈亏、自担风险。合作金融机构要按照市场化原则、依照法律进行各项制度的建设，要明确合作金融组织与管理者之间的关系。借鉴我国合作金融在发展过程中所走过的弯路，尤其要规范各级管理者的权利和义务以及相互之间的职权分界，防止越权管理、防止以行政方式硬性干涉农村合作金融机构依法独立自主运行。[4] 法律对个人权利与政府权力优先性的界定不同极大地影响

---

[1] 翟小波：《“软法”及其概念之证成——以公共治理为背景》，载《法律科学（西北政法学院学报）》2007 年第 2 期。

[2] 白钦先、胡巍：《试论综合视角下的农村合作金融改革——基于哲学、历史、人文、经济与社会的综合视角》，载《经济问题》2014 年第 9 期。

[3] 陈立辉、刘西川：《农村资金互助社异化与治理制度重构》，载《南京农业大学学报（社会科学版）》2016 年第 3 期。

[4] 刘沫茹、刘国有：《我国农村合作金融立法问题探析》，载《学术交流》2011 年第 6 期。

了一国金融的发展，即重视私人财产权保护以及市场适应性强的法律传统有利于金融的发展，而重视政府权力保护以及市场适应性弱的法律传统则不利于金融的发展。[1]

（二）新型农村合作金融在监管的正确定位

目前全国性的关于农村合作金融的法律和规范主要有《农村资金互助社管理暂行规定》（2007，部门规范性文件）、《中国银监会农村中小金融机构行政许可事项实施办法》（2015 修订，部门规章），按照《农村资金互助社管理暂行规定》第二条“农村资金互助社是指经银行业监督管理机构批准，由乡（镇）、行政村农民和农村小企业自愿入股组成，为社员提供存款、贷款、结算等业务的社区互助性银行业金融机构”，这个定位本身就有问题，它将资金互助社等同于银行业金融机构，第一条中也指出“……根据《中华人民共和国银行业监督管理法》等有关法律、行政法规和规章，制定本规定”。但实际上，农村合作金融机构不是银行业金融机构，两者有根本区别。银监会《关于探索试点新型农村合作金融组织的研究报告》（内部）提出“对银监会批准的 49 家农村资金互助社，原则上纳入地方统一管理并依法按程序收回金融许可证，也允许按照条件改制为村镇银行”，等于是承认了现行正规农村资金互助社的终结。

合作组织的定性不应是银行业金融机构，其行为规则与监管规范也不能套用银行业金融机构的相关规则。银行是商主体，是营利性主体，而合作金融组织是非商主体不以营利为目的，主要是提供服务，本质区别决定了两者从“生”到“死”的不同价值取向及进而产生的规则体系。还有，有的合作金融发达国家确实有转向所谓“异化”发展并获得成功的案例，即从“坚持社员制”到“坚持社

---

[1] Beck，T.，Demirguc Kunt，A.，Levine，R.，Law and Finance：Why Does Legal Origin Matter Journal of Comparative Economics，2003（31）：653－674.

员制”的基础上向非社员扩展，从“一人一票”到“一人多票”等。有学者也指出，当合作金融发展到一定程度，金融排斥被有效解决时，合作制可以转化为股份制。[1] 但这绝非我国合作金融所处的初级历史阶段，或称为低级阶段，虽然我们以前有过基金、农信社等所谓的实践，但其都是“伪合作”而最终消亡，退出历史舞台，我国的新型农村合作金融才是合作金融的真正开始。

现在国家政策的导向是村镇银行应服务“三农”，扶持弱质客户，但村镇银行本质上是营利性机构，资本逐利是其本性，只能适当兼顾“三农”的利益，当营利性和社会性目标相互碰撞而产生矛盾时，营利性是其必然选择，它不可能放弃营利性目标而服务于社会性目标；与其相反，合作金融，社会性目标是其本质，可以适当营利，但营利绝不是其目的，当营利性与社会性目标相互碰撞时，社会性目标胜出，是其必然选择。如若非要强迫营利性的村镇银行把社会性目标放在第一位，又要社会性的合作金融组织将经济利益放在第一位，并以此择优选取客户，这根本就是荒腔走板，两个都发展不好，两个的灵魂都是扭曲的，最终经济效果和社会效果都达不到预期，无法实现我国“三农”的政策目标，且有违社会的实质公平和正义。

关于新型农村合作金融的定位，有学者认为，互助资金的“高进高出”更有利于实现资金互助目标。一方面有利于将有限的互助资金运用于拥有更加优质项目的社员（因为只有拥有优质项目，才有能力承受借用互助金支付的高利息），更好实现提高互助资金使用效果。另一方面促使社员更有效率使用、节约互助资金，提高互助资金回笼、周转速度，让有限的互助资金发挥更大效果。[2] 但我们认为，合作社从其起源就是弱者的联合，合作金融从起源就是为了满

---

[1] Rodolfo Apreda, Cooperatives: The Governance of Patronage Dividends – A Corporate Finance Viewpoint, University of CEMA Working Paper Series, 2013.

[2] 蓝虹、穆争社：《中国新型农村合作金融发展十大问题论争》，载《上海金融》2017 年第 4 期。

足弱者的资金需求，使其拥有人之为人的最起码的尊严，所以其不仅有经济功能，更多的是社会功能，这也是其与商业性金融机构最根本的区别。威德斯特兰也提出用“有效性（effectiveness）”代替“效率（efficiency）”来评价合作社的绩效。❶ 本文同意有关 HCSTC（high - cost short - term credit）消费者的脆弱性的观点，主张政府利用社会组织塑造经济行为和实施超越市场利益的更关注社会效益的监管。❷

合作金融与弱势群体有着天然的契合，在服务农户和中小企业、反贫困等方面具有独特的优势。❸ 是金融公平乃至社会公平的有效维护者和平衡器，是金融多元化、服务多元主体的必备制度形式。必须破除一切不科学的观念，以法律的形式给予合作金融一个正确的定位。

（三）完善新型农村合作金融监管制度的政策选择

1. 中央格式化监管制度还是地方自治监管制度？中央集权监管效率最高，但这种方式面临两个问题：一是我国农村现实条件的限制，根据相关资料显示，我国农村地理跨度广，乡镇分布范围多，区域差异大，家庭生产为主又导致我国农村金融“价小量大”的占多数；二是城乡之间的政策不公，城乡二元化本身是建立在计划经济基础上的，30 多年来，在农产品价格剪刀差形式内隐蔽的农业总

❶ Münkner. Hans - H. Cooperative principles and cooperative law. LIT Verlag Münster, 2015：84.

❷ Abdul Karim Aldohni, The UK New Regulatory Framework of High - Cost Short - Term Credit：Is There a Shift Towards a More BLaw and Society Based Approach?, J Consum Policy, 2017（40）：321 - 345.

❸ 转引自姜庆丹：《金融发展权视角下农村合作金融法治创新研究》，法律出版社 2016 年版，第 10 页。

贡献为6000亿元以上。[1] 在长期抑制农村发展的城乡二元体制下，我国某些农村成为最贫困、最落后、最压抑的地方。[2] 但同时，农村也是最有动力创新和突破的地方，其地方实验引人瞩目和深思，今天的准正规和非正规新型农村合作金融也是如此。在这样的情况之下，中央格式化的制度效果必定差强人意。必须改变中央与地方政府关系、地方监管权和自治权关系的思维，从制度上保证地方试点工作的顺利进行。在新型农村合作金融治理中形成中央权力、地方权力和自治权的垂直分配制度。国家层面应该规定的是基本法律框架而不是具体规范，具体规范可交由各地根据自己的具体情况通过自治加以解决。

2. 监管是以自律为主，还是以他方监管为主？周立教授认为，各国的合作金融，都是以自律为主。只要坚持社区性和社员内部互助的封闭性，资金互助活动就不具有开放性和公众性，金融风险的外溢性就不存在。自然，也不需要一个监管部门来时时盯着。[3] 尽管自2008年金融危机以来情况略有不同，几乎世界各国都提出加强金融机构监管，包括对合作社的监管，这引发了关于是否有必要将合作社纳入强化监管的争论。银监会内部报告指出："随着经济和农业现代化的快速发展，以及农村金融竞争的日益加剧，美德日农村合作金融组织出现了新的发展趋势：一是服务范围逐步扩大，在坚持合作制、向社员提供服务的同时，开始向非社员提供多种金融服务；

---

[1] "三农"问题的解决决定了一个国家工业化道路的成败，任何即将从农业国迈向工业化的国家都不可逾越。历史上工业化所需要的资金和资源来源于掠夺和外资两个途径，唯独新中国成立后面对复杂的国际国内环境只能独立自主、自力更生，工业化所需的资金和资源也只能自行解决，以农业的产出发展工业，紧缩农业支持工业成为唯一的出路。导致了中国的农村与城市、农业与工业的双重分割，农村难以受到城市工业化成果的辐射，这是任何其他国家都不曾遇到过的情况。长期在这样的政策之下，我国的农村和农民几乎倾尽所有、所剩无几，除了温饱基本丧失了投资和扩大生产的能力。农民金融权基本是虚置的，而这些人又恰恰是最需要保险保障的。

[2] 张庆国：《农村妇女高自杀率的原因——一个实证社会学的视角》，见徐勇主编：《三农中国》，湖北人民出版社2003年版，第53页。

[3] 植凤寅：《农村资金互助社十年》，载《中国金融》2014年第16期。

二是治理形式逐步改变，股东范围扩大，股金种类增加，探索一人多票制，所有权和经营管理权开始分离；三是扶持重点有所调整，政策扶持重点由政府投资入股、增加资金等转向完善法规和减免税收；四是机构网点大幅整合，各国合作金融组织普遍加大内部重组力度，提高单体机构综合实力；五是金融监管持续强化，按照统一审慎的监管标准，对农村合作金融组织实施审慎监管。”而按照Charles Ferguson和Donal Mckllop对农村合作金融的分类，可以把农村合作金融分为成熟、转型和新生三个发展阶段，美德日都符合农村合作金融成熟阶段的特征，是合作金融发达的国家，我国则属于新生阶段。农村合作金融发达的国家，其农村合作金融已经出现了与典型农村合作金融不同的发展态势，突破了许多典型合作金融的传统，兼容了商业化金融机构的一些特征，自然需要类似商业金融的监管手段。也就是说对合作金融的强化监管，针对的是农村合作金融股权制、向非社员拓展、一人多票等非传统合作金融趋势。原因就在于，向非社员拓展一旦出现危机则有可能损害公众利益，自然是要审慎监管的。我国的农村合作金融还处于初级阶段，用于银行等金融机构的监管模式不仅不适合，且容易产生金融抑制。

依笔者之见，农村金融合作社的监管应以自律为主。

首先，政府监管角色就是维持好市场秩序，而不是过多地参与资金互助组织的日常经营和管理，否则，不仅抑制资金互助组织的活力，也会无形中增大监管成本。

其次，在农村合作金融领域，中央和地方金融监管权必须分权配置，主要由地方进行监管，而中央就“成员封闭、业务封闭、不对外吸储放贷、不支付固定回报，社区性”[1]非营利性等根本问题

---

[1] 目前，2014年的中央“一号文件”，对于资金互助社，提供了五条规则，即成员封闭，即坚持社员制，资金互助社的资金来源和服务对象，都是合作社社员；业务封闭，即封闭性原则，作为一种相互制的金融活动，不对外开放；不对外吸储放贷，使得资金在合作社内部封闭运行；不支付固定回报，不能以承诺高息的方式吸收存款；社区性，政策鼓励和推动社区性农民资金互助组织的发展。

和成员的根本权利保障做出法律规定并进行监管即可。要正确处理合作金融组织与政府之间的关系，恢复合作金融民办、自主、自立、民主管理的本质，发挥其特有的优势，政府应该做的是搞好服务，不应该过多参与经营。

最后，从国际监管的角度讲，合作金融的自控能力较强，对监管的依赖性弱于商业银行，其所有权结构、治理结构以及组织方式等，本身就有自控风险的能力。因此，合作金融能够在金融危机中表现出相对更稳健的特点，适宜采取自律为的监管，在组织形态上，自律监管主要通过成立合作联合组织，形成上下垂直的自控监管，把风险化解到组织内部，而不是出现更多的分歧。❶

Research on the Financial Supervision of New Rural Cooperation

Li Yuanyuan

Abstract: The legislation of rural cooperative finance in china should be oriented to clarifying the "Cooperativeness", but not the banking financial institutions. The regulation of rural cooperative finance should implement the decentralization between central and local financial regulatory powers, in which mainly focusing on the local level and the scope of the central regulatory power should be limited to the fundamental issues such as "closed members, closed business, non - profit - oriented" and the safeguarding of the fundamental rights of members. The unclear orientation of the government is the fundamental reason for the alienation of cooperative finance. And in the relationship between cooperative finance and government, the essence of private, autonomous, independent and demo-

❶ 范瑾：《农村资金互助社十年发展与运索——农民资金互助组织年年会综述》，载《银行家》2014 年第 8 期。

cratic management of cooperative finance should be restored, which should be the breakthrough point for the design of regulatory framework so as to form the vertical distribution system of central power, local power and autonomy in the regulation of new rural financial cooperatives and form vertical self-controlled regulation and dissolve risks into the interior of the organizations.

Key words: Rural Cooperative Finance; Regulatory power; Autonomy

【比较法视野】

国外自然资源国家所有权公共性实现问题研究综述

郭　洁[*]　郭云峰[**]

内容摘要：20 世纪中期以来，自然资源国家所有权制度开始突破纯粹政治意识形态的樊篱，成为世界各国立法普遍的选择。在自然资源国家所有权行使问题上，除自然法学者所提出的自然资源物权设置不得损害社会成员原始使用权的观点外，还存在着将国家的最高控制权解释为同时包括民法所有权和监管权等理论观点；关于自然资源产权配置对资源利用效率与衰退关系议题，Daniel 等人认为，哈丁教授关于"公地悲剧"的隐喻，实际上是开放自由获取制度的悲剧，而非公共所有权制度的悲剧。关于公共所有权的性质及权能问题，Ian Thynnea 认为，公共领域的所有权已实现了从"作为监管的所有权"到"所有权和监管"、从"公法所有权"到"私法

* 郭洁，辽宁大学法学院教授，博士研究生导师，研究方向：民商法学。

** 郭云峰，大连市中级人民法院审判员，辽宁大学法学院博士研究生，研究方向：民商法学。

所有权”等五大转变。上述研究结论对于我国当前的自然资源改革具有重要的启示意义。

关键词： 自然资源 国家所有权 权利性质 演变趋势 原始使用权

一、研究背景

20世纪中期以来，随着生态环境问题的日益严峻和自然资源稀缺程度的持续提升，自然资源国家所有权制度开始突破纯粹政治意识形态的樊篱，成为世界各国立法的普遍选择。虽然国外学界并未像国内学界一样，直接围绕宪法所有权与民法所有权的联系和区别、自然资源国家所有权究竟是公权还是私权等问题激烈交锋，但却对自然资源国家所有权行使的正当性问题表现出了与国内学界基本相同的兴趣。即国家应如何通过相关制度设置，防范强大的政治国家滥用其拥有的所有权，进而保障社会公众对纳入国家所有权制度调整的自然资源的平等利用权。美国密歇根大学法学教授 Joseph L. Sax 的《自然资源法中的公共信托理论：有效的司法干预》即是此方面的力作之一。

尽管当今世界各国在自然资源所有权问题上普遍宣布重要自然资源由国家取得所有权的立法趋势能够证明，国家所有权或者其他国家公权与私人所有权相比更能确保自然资源公共性的实现，但布坎南的公共选择理论却展示了作为自然资源国家所有权法律上所有权人的政治国家的另外一幅图景，即作为自然资源国家所有权权利主体或者管理者的国家，并非是一个纯粹的、社会公共利益的代表者，同样也是一个具有自我利益追求的“经济理性人”。由此，自然资源国家所有权制度的设计本身，即已蕴含了权利异化的基因。鉴于此，本文通过文本分析法，梳理国外立法以及理论研究的相关成果，以探寻外国确保自然资源国家所有权公共性实现的路径和方法，进而为我国自然资源国家所有权制度改革寻求借鉴与启示。

二、研究对象和文献选取

鉴于新中国成立后，我国的民事立法和理论研究业已形成以借鉴大陆法系德国法为主、以借鉴英美法为补充的格局，涉及大陆法系国家物权制度的译著类文献相对更为丰富和发达。为避免重复研究所导致的浪费和低效，本文着重选择非大陆法系国家文献，试图通过异质法学思想的引入，在理论和方法论两方面有所突破和创新。

本文所使用的核心英文文献资料有三，分别是：美国学者 Daniel 和 Michael 的《公共自然资源管理：一些概念和运用中的谬误》，澳大利亚学者 Ian Thynnea（伊恩锡恩）的《在公众领域作为政策和理解工具的所有权：趋势和研究议程》；美国密歇根大学法学教授 Joseph L. Sax 的《自然资源法中的公共信托理论：有效的司法干预》。其中，Daniel 和 Michael 在其撰文中逐一对比了公共所有权（common property regimes）与国家所有权制度（state property regimes）、私人所有权制度（private property regimes）、无财产权制度或者自由获取制度（non - property regimes，open access）的联系与区分，指出：哈丁教授所言的“公地悲剧”并非公共所有权制度所导致，实际上是“无财产权制度或者自由获取制度”（non - property regimes，open access）所导致的悲剧。

此文关于自然资源产权制度及其对自然资源开发利用的影响，构成了本文的主要关注；Ian Thynnea 的研究成果显示，在过去三十年的时间内公共所有权呈现出五方面的发展趋势，即从“作为监管的所有权”到“所有权和监管”；从公法所有权到私法所有权；从“所有权支出”到“所有权回报”；从“限制所有权”到“扩张所有权”；从“所有权，所有者和管理者”到“所有权，委托人和代理人”；美国密歇根大学法学教授 Joseph L. Sax 则在系统考察公共信托法在美国各州的发展历程、社会公众与州法院在公共信托法形成过程中的作用以及各州公共信托理论的不同特点的基础上，指出：公共信托理论成为公民解决资源管理问题所普遍适用的工具的前提是，其必须符合三个标准，即它必须包含一些公众的法律权利概念；它必须相对政府具有可执行性；它必须能够一致地解释当代对环境质量的关注。[1]

公共信托制度对政府权力有三种类型的限制：第一，属于公共信托的财产不仅要用于公共目的，而且必须可为公众所使用；第二，即使为了一个公平的现金等价物，该财产也不得出售；第三，财产必须为特定类型的使用而被维持，要么要求资源必须为诸如航运、娱乐或者渔业之类的某些传统用途而被保留，要么财产的用途必须在某种意义上与该资源特定的自然用途相关联。[2] 将公共土地奉献于一项新的使用，类同于政府对私人财产的一项征收（a taking of private property）；自然资源的特定用途具有特殊的公共性质，使得它们用于私人使用不适当。[3]

三、国外关于自然资源所有权制度的研究脉络

国外学界对自然资源等公共事物的关注最早可追溯至2000多年前的古希腊时期。被恩格斯誉为古代的黑格尔的亚里士多德曾不无深刻地指出："凡是属于多数人的公共事物，常常是最少受到照顾的事物，人们关心着自己的东西而忽视公共事物。"[4] 工业革命后，随着科学技术的飞速发展和机械化手段的广泛运用，不仅极大地扩展了人类征服和改造外部世界的能力，而且也为人类最大限度地攫取

---

[1] See Joseph L. Sax, "The Public Trust Doctrine in Natural Resource Law: Effective Judicial Intervention", Michigan Law Review, Vol. 68, p. 474.

[2] See Joseph L. Sax, "The Public Trust Doctrine in Natural Resource Law: Effective Judicial Intervention", Michigan Law Review, Vol. 68, p. 477.

[3] See Joseph L. Sax, "The Public Trust Doctrine in Natural Resource Law: Effective Judicial Intervention", Michigan Law Review, Vol. 68, p. 484.

[4] 桑东莉：《可持续发展与中国自然资源物权制度之变革》，科学出版社2005年版，第5页。

自然财富的贪欲提供了物质和技术条件，由此也开启了人类社会的潘多拉之盒。在此历史背景下，经济学者开始系统研究产权制度与资源退化的关系，“公地悲剧”“囚徒困境”及“集体行动的逻辑”等经济学理论先后被提出，并逐渐形成如下共识：自然资源免费开放的结果是，“先到先得”成为自然资源领域财产获取的基本规则；由于每个人都是自我利益最大化的追求者，该规则不会对资源保护产生内在的激励，毁灭是公共开放的最终结局。[1]

为解决自然资源的可持续利用问题，美国的哈丁提出了私有化的解决思路，科斯在哈丁的基础上更进一步，通过明晰产权、引入市场、将资源开发利用过程中的负外部性转化为市场交易成本等方式，使市场机制在环境保护中发生作为，从而为解决自然资源开发利用过程中的负外部性问题提出了一个全新的思路。受此影响，国外法学界开始关注自然资源物权问题以及各主权国家政治制度等因素对自然资源物权制度的影响。体现在立法上，探矿权和采矿权法律制度构成了这一时期国外矿产资源法律制度的主体，相关国家主要通过授予个人探矿权与采矿权实施矿业行政管理。

20 世纪六七十年代，世界环境污染问题爆发，引发了西方发达国家社会公众对生态环境与资源危机的担忧。作为一种对现实的回应，相关国家开始将环境保护作为国家的一项基本职能，通过立法和政策进行严格而全面的管制。由此，以美国、德国等为代表的西方资本主义国家自然资源立法的价值取向开始发生变化，即立法保护的重点从自然资源利用权转向自然资源国家所有权，宣布由国家取得对矿产、能源等重要自然资源的国家所有权，并通过提高环境保护的法律要求、严格规范对具体资源勘查、开采活动等方式加强政府管制，限制自然资源权人的权利。但国外法学界却对此提出了质疑：在解决环境问题上，环境资源管制法律虽能够在一定程度上

[1] See Joseph L. Sax, “The Public Trust Doctrine in Natural Resource Law: Effective Judicial Intervention”, Michigan Law Review, Vol. 68, p. 534.

弥补民事法律之不足，但政府所采取的管制措施却可能违背保护环境与资源的立法初衷，甚至威胁自然资源的可持续利用。[1]

四、国外关于自然资源所有权制度研究的主要理论观点

（一）关于稀缺自然资源与产权配置

在自然资源的产权配置问题上，国外学界的共识是，除非稀缺类自然资源可采取无产权的自由获取模式外，稀缺自然资源之上均应建立产权制度。[2] 由于国外并未采用中国和苏联等社会主义公有制国家所采用的，由“国家和集体共同垄断自然资源所有权”的产权配置模式，其对自然资源产权制度关注的重点是，不同种类的自然资源之上配置何种类型的产权，才能最大限度地实现个人、社会与国家三者利益的平衡。为此，国外学界首先从两个层面讨论稀缺自然资源的产权配置问题：一是自然资源在主权国家之间的配置；二是主权国家领土范围内的自然资源产权设置。

1. 自然资源在主权国家之间的配置：领土和主权管辖范围的配置准则

自然资源在各主权国家之间的配置涉及国家领土和主权范围的划定、国际法关于国家领土之外自然资源开发利用的相关规定。德国学者莎朗·伯德（Sharon Byrd）和约阿希姆·赫鲁施卡（Joachim Hruschka）认为，财产所有权制度是国家存在的必要条件，比国家本身更重要。不承认所有权，任何法律制度、任何一个国家都是不可想象的；所有权概念不仅界定了国家的领土，同时也界定与其相

---

[1] 李晓燕：《矿产资源法律制度物权化构建》，中国社会科学出版社2014年版，第18页。

[2] 关于此共识，主要体现在西方经济学论著之中，并且稀缺性是西方经济学的一个核心概念。

联系的其他国家的领土：首先，国家领土就是国家能够行使权力的领土，就是能对该领土之上居住的人民行使权力的领土；其次，在相互关联的国家之间，如果彼此不承认对方的领土要求，各国将不断争论其各自的主权权力范围，较为强大的国家将试图通过发动战争来分配和重新分配领土；最后，如果所有权没有在国际一级获得承认，对外部物体进行选择的所有权利都将不安全，因为国家将诉诸暴力保护他们免受外部入侵。[1] 由于第17届联合国大会第1194次会议通过的《关于自然资源永久主权的决议》［联合国大会第1803（XII）号决议］已明确规定，各民族和各个国家（peoples and nations）对本族的自然财富和自然资源享有永久主权[2]，故各主权国家在国际法层面上是按照领土和主权管辖范围分配自然资源。

截至目前，除公海以及南北极地区外，世界上的陆地面积以及海洋岛屿已分割完毕，基本上不存在不属于任何国家所有的陆地和岛屿，国家领土之外自然资源的配置主要通过国际公约、国际条约或者联合国决议等国际法规范进行调整：

（1）公海地区的自然资源属人类共同的财产，由国际海底管理局（ISA）代表全人类行使权利并对自然资源的开发利用进行监管。公海地区自然资源的权属以及开发利用主要受1970年12月17日第二十五届联合国大会通过的《国家管辖范围以外海床洋底及其底土的原则的宣言》，以及1982年通过的《联合国海洋法公约》调整。根据前述两个法律文件规定，各国现有管辖范围以外公海之海洋底床与下层土壤之地域，以及该地域之资源为全人类共同继承之财产，并非国家主权或国家据为己有的对象；各国均有开发公海之中的渔

---

[1] See B. Sharon Byrd, Joachim Hruschka, "The Natural Law Duty to Recognize Private Property Ownership: Kant's Theory of Property in His Doctrine of Right", University of Toronto Law Journal, Spring, 2006, 217: 1

[2] See the United Nations Resolution No.: Permanent sovereignty over natural resources [EB/OL], http://www.un.org/en/ga/search/view_doc.asp? symbol = A/RES/1803 (XVII), 2017-1-9.

业和生物资源的权利，并为其国民负有采取养护公海生物资源措施的义务；国家管辖范围以外的海床和洋底及其底土之内的矿产资源，由国际海底管理局（ISA）代表全人类行使权利并开展“区域”内活动，各缔约国及其国民或者企业必须在国际海底管理局（ISA）核定的限额内，从事矿产资源勘察和开发活动，并且国际海底管理局对各缔约国及其国民或者企业的矿产资源开发具有分享收益和监管的权力，以确保人类对矿产资源的惠益分享。值得注意的是，海洋公约的前述规定，是国际法中一项罕见的关于资源地位的承认。即，此部分资源应当是为了全人类的利益而享用的共同财产资源，由此也构成了对于国家（领土）主权和私有财产概念的适用的规范性限制。

（2）国家对领土之外享有主权性权利的自然资源，主要由主权国行使专属管辖权。根据《联合国海洋法公约》，沿海国对专属经济区以及大陆架之上的自然资源具有主权性权利：沿海国对专属经济区海床上覆水域和海床及其底土的自然资源（不论为生物或非生物资源），享有以勘探和开发、养护和管理为目的的主权权利，并享有在该区内从事经济性开发和勘探和其他活动的主权权利。与内水和领海即国家领土内自然资源开发利用不同的是，内陆国有权在公平的基础上，参与开发同一分区域或区域的沿海国专属经济区的生物资源的适当剩余部分的权利。事实上，这部分自然资源已超越沿海国主权性权利的范畴，并具有人类共同财产的性质。

然而，《联合国海洋法公约》在关于专属经济区、大陆架自然资源法律地位问题上并未明确此类自然资源究竟是人类共同财产，还是临海国专有财产：第一，根据第17届联合国大会第1194次会议通过的《关于自然资源永久主权的决议》［联合国大会第1803（XII）号决议］，各主权国家对主权管辖范围内的自然资源享有永久主权，而根据《联合国海洋法公约》规定，临海国对专属经济区、大陆架自然资源所享有的是主权性权利。从文理解释的角度看，专属经济区和大陆架自然资源在法律性质上与主权国陆地自然资源存在区别。第二，《联合国海洋法公约》明确规定公海地区的自然资源属人类共同财产的法律地位，但却并未在直接规定此部分资源为人类共同财产的基础上，赋予临海国主权性权利。第三，在制定法层面，尽管多数国家基于对国际公约的尊重而未宣告对此部分资源享有所有权，但丹麦、挪威、西班牙和荷兰等国家却直接宣告其对近海油气资源不仅拥有监管权，而且还享有所有权。据此，从民法的视角看，国家对领土之外享有主权性权利的自然资源，事实上处于由临海国专有或者共有的法律地位。

（3）北极地区主权国家领土范围之外的自然资源亦属人类共同的财产，由国际海底管理局（ISA）代表全人类行使权利并监管。由于北极地区主要是海洋，北极周边的 8 个国家在北极地区获得有国际承认的领土，并且沿海各国已对诸如石油、天然气之类的自然资源进行大规模开发，因而北极地区除前述领土之外的自然资源，属人类社会共同共有的财产，其开发和利用主要受前述《国家管辖范围以外海床洋底及其底土的原则的宣言》和《联合国海洋法公约》的调整。然而，1920 年在法国巴黎所签订的《斯匹次卑尔根条约》却将北极地区斯匹次卑尔根群岛（含熊岛）的主权配置给挪威政府，但又保留了各缔约国国民对该地区水陆资源的平等利用权。即挪威政府仅对前述地区自然资源享有管理和维护的权力，各缔约国的船舶和国民，在相关地域内平等地享有捕鱼和狩猎的权利。同时，对前述地域的财产所有权，包括矿产权的获得、享有和行使方式，均由挪威制定采矿条例进行规定，但必须保证缔约国的所有国民完全平等地享有该条约规定的待遇。

（4）南极地区的自然资源不属于任何国家[1]，其开发利用受南极条约体系的调整。南极地区主要由大陆构成，除各国的科研人员外，基本上没有常住人口，矿物资源主要隐藏在冰雪之下，相关自

---

[1] 根据南极条约等相关规定，对各主权国家对南极地区领土所提出的主权要求全部冻结。

然资源在法律性质上应属全人类共同共有。依据南极条约体系的相关内容，环境生态保护是南极地区自然资源开发利用的主线，除非生物资源暂被冻结开发外，生物资源的开发利用主要是在不破坏生态环境以及导致资源退化的基础上进行。比如，1964年《保护南极动植物议定措施》明确规定，南极地区为特别自然保护区（Special Conservation Area），为促进并实现南极动植物资源的保护、研究和合理利用，各参加国政府（该议定措施对其生效的国家的政府）应禁止在南极地区未经许可猎杀、伤害、捕捉、骚扰任何本地的哺乳动物和鸟类或企图作出此类行为；1991年所签订的《关于环境保护的南极条约议定书》规定，在南极的任何有关矿产资源的活动都应予以禁止。[1]

2. 关于主权国家领土范围内自然资源的产权配置

（1）产权设置不得损害社会成员对自然资源的原始使用权。在自然法学者看来，现代的财产权制度源自对自然资源的原始共同所有（primitive common ownership），“所有事物都为人类共同地和未分割地占有，如同人类占有共同遗产”，每个人都能立刻取其所需之物，且能消耗那些能被消耗之物。这一普遍权利的享用（enjoyment）便服务于私人所有权这一目的，每个人所具有的用来满足其所需之物，他人除非通过不正当的行为，否则无法夺走。[2] 由于使用权的产生源自人的需要，生命的保存要求使用自然资源，因而“suum”（在拉丁文中，“suum”用以表示“一个人的东西”，即“我自己的东西”）必然产生一项使用权，并扩及那些需要的满足。在一个形成财产关系的世界中，“suum”暗含的原始使用权并未消失，而是被保留在普遍存在的必需权中（right of necessity），成为每一个成员都

---

[1] See Final Report of the Fifteenth Antarctic Treaty Consult active Meeting. Oct . 1989, Paris.

[2] 转引自［澳］斯蒂芬·巴克勒：《自然法与财产权理论：从格劳秀斯到休漠》，周清林译，法律出版社2014年版，第32—33页。

有的一项权利。

正是由于自然正义蕴含了原始普遍性的使用权，这种权利才不可能被否认，使用者的原始权利在最紧迫的需要中（in direct need）复苏。除必需权外，原始使用权还蕴含着“无害使用”（innocent use）权，即使用他人财产时“不会损害所有者”的权利。[1] 这种权利极具普遍性，它涵盖了诸如使用流水的权利和在陆地及河川上通行的权利等重要领域，是“对原初权利的良好保存”。值得注意的是，“suum”所蕴含的使用权，是“服务于私人所有权目的”的“普遍性权利”，该原始使用权旨在通过满足人类的需求达到保存个体和种族的目的。虽然所有事物在原始阶段都是全人类的“共同遗产”，但并不意味着在人类历史的最早期，所有人都被视为共有者，而是指该事物能被所有人使用。倘若这种原始的私人占有物被允许继续存在，表明与该资源有紧密联系的他人承认或者默认了这种占有的合法性。

（2）主权国家有权决定领土范围内自然资源的产权归属。丹麦哥本哈根大学法学院能源法副教授安妮塔罗尼（Anita Ronne）认为，根据一般国际法，国家对陆地自然资源享有永久主权[2]，国家有权决定地下自然资源归国家所有还是归个人所有。罗根坎普、雷德格韦尔等学者则基于对大陆法系国家地下能源立法的实证考察，得出了与安妮塔罗尼较为类似的结论：大多数大陆法系国家把地下资源的所有权授予地表土地的所有者，但是通常对诸如石油、天然气和煤炭这些能源实行一种例外规则，由国家对陆上石油、天然气和煤炭资源取得所有权；未解决能源资源所有权问题（如意大利）的相关国家的立法，通常制定于20世纪早期；以现代立法取代早期立法的

---

[1] 转引自［澳］斯蒂芬·巴克勒：《自然法与财产权理论：从格劳秀斯到休谟》，周清林译，法律出版社2014年版，第42页。

[2] See eg. UN Resolution 1803（XVII）of 14 December 1962；Permanent Sovereignty over Natural Resources，Resolution No 2158（XXI）and Resolution No 3281（XXIX）of 12 December 1974；Charter of Economic Rights and Duties of States.

国家，几乎都选择了国家所有权。

然而，将地下资源所有权授予地表土地的所有者的国家，存在着如何决定土地所有者的地表权利延伸范围的困难。❶ 关于近海以及大陆架区域自然资源的产权配置，除诸如丹麦、挪威、西班牙和荷兰等国家的立法宣告对近海油气资源同时拥有所有权和监管权外，多数国家的立法并不宣布对此类自然资源拥有所有权，仅明确对这些资源的勘探和开发拥有专属管辖的权利。❷ 如果安妮塔罗尼等人在此问题上强调的是主权国家对自然资源开发利用的自我决定权，则荷兰海牙社会研究学院的尼科施里弗教授（Nico Schrijver）则是从权利与义务相一致的角度，突出和强调主权国家对资源环境保护的责任。

尼科施里弗教授在其1997年首次出版的《自然资源永久主权：权利与义务之平衡》一书中，提出了主权国对自然资源的永久主权实际上兼具权利、义务双重属性的观点。其认为，国家对自然资源的永久主权基本上确立了国家（或人民）对自然资源在其可以行使主权权利的领域的专属管辖权；❸ 在讨论自然资源主权的语境下，“永久”“绝对”“不可分割”“自由”和“完全”等词汇虽能强调自然资源主权的核心地位，但国家主权却开始受到越来越多的限制，❹ 全球所存在主权国家在许多不同的层次上相互依存，任何一个国家都无力独自解决经济和能源危机，国际水域的污染，全球变暖的威胁，损害臭氧层和生物多样性丧失等问题，由此国际经济合作的重大发展趋势是导致自然资源国家主权受限的重要原因之一。❺ 因

❶ See M. M. Roggerkamp, C. Redgwell, I. Del Guayo. Energy Law in Europe, eds, 2nd edn, 2005: 1273.

❷ See M. M. Roggerkamp, C. Redgwell 书，: 1275.

❸ See Nico Schrijver. Sovereignty Over Natural Resources: Balancing Rights and Duties, New York: Cambridge University Press, 2008: 229.

❹ See Nico Schrijver 书，2。

❺ See Nico Schrijver. Sovereignty Over Natural Resources: Balancing Rights and Duties, New York: Cambridge University Press, 2008: 255.

而主权国不仅对自然资源的开发利用享有权利，还应当承担起保护全球生态环境保护等方面的义务。

从表面上看，尼科施里弗教授似乎没有讨论各主权国对其管辖范围内自然资源的配置，但其关于对自然资源永久主权具有权利与义务双重属性的观点，实际上已经蕴含了对国家自由决定自然资源产权归属的承认。

（二）关于自然资源产权配置与资源利用效率及衰退的关系

哈丁的“公地悲剧”和赫勒（Heller）的“反公地悲剧”等经济学理论在国内外学界的影响不言而喻，但阿根廷学者路易斯艾丽兹（Luis Erize）以及世界银行顾问 Daniel 和 Michael 等却对“公地悲剧”的预设前提以及私有化的问题解决路径提出了质疑。路易斯艾丽兹认为，地下自然资源需要借助相当多的技术和经济手段才能进行勘探、开发，进而成为交易对象并被消费，并不具备或者至少不完全具备所谓“公地悲剧”的复杂性。

世界银行的顾问 Daniel 和 Michael 则指出，公共所有权并不像它被描述那样，由所有人免费使用，而是一个能够使管理规则得以发展的有组织的所有权安排，其在本质上是一种由群体成员集体所行使、既有权利又有义务的私人所有权。如果该群体的每一个成员都被共同接受的规则约束，则公共所有权这一产权模式并不会导致公地悲剧的结果；一旦公共所有权制度之中的权威系统被毁坏，关于资源利用的管理或者自我管理不再被实施，则公共所有权（res communis）不复存在，并退化为自由获取的无主财产（res nullius）；哈丁教授“公地悲剧”的隐喻，实际上是开放自由获取制度的悲剧，而非公共所有权制度的悲剧；私人所有权制度并不必然导致对自然资源“最高和最好的利用”（“highest and best use of land.”）。[1]

第一，地方制度安排被解除会对资源的可持续利用模式带来了风险。[2] 当公共所有权制度之中的地方制度安排被侵蚀或者破坏时，该产权制度实际上已被转换成开放获取制度，“先到先得”和捕获规则发挥作用，“公地悲剧”可能成为现实。但哈丁关于“公地悲剧”的隐喻混淆了公共获取制度与公共所有权制度的区别，否认了公共所有权制度之下，自然资源的利用者一致行动、制衡和利益平衡机制（institute checks and balances）、规则和制裁，以及在给定的情形下自然资源的利用者的相互作用，[3] 不能将资源退化归因于公共所有权制度的假设。事实上，资源退化的原因被假定与财产权结构无关，诸如水土流失、水污染等资源退化现象在私人土地之上也能被看到。在一个事例中指责私人产权缺位，而在私人产权出现的事例中又对其原因进行替代性的解释，这种不对称的论证逻辑是荒唐的。[4]

第二，在没有履行更有效率资源管理这一预设性承诺的前提下，促进私有化或者国有化存在着剥夺大部分人口谋生手段的风险；[5] 拉丁美洲最好的农业土地大部分被用于畜牧场，而食用作物却生长在贫瘠的土地上，该事实说明，私人所有权并不能导致对资源“最高和最好的利用”（“highest and best use of land.”）。

第三，公共所有权相对于私人所有权低效具有客观原因。一是条件最好的土地首先被私有化，剩下的最差的土地被留在公共领域——或者作为国家所有权客体，或者作为公共所有权（res commu-

---

[1] See Daniel W. Bromley& Michael M. Cernea. The Management of Common Property Natural Resources: Some Conceptual and Operational Fallacies [A]. The World Bank. World Bank discussion papers [C], 1989, 57: 6.

[2] See Daniel W. Bromley& Michael M. Cernea 书，57.

[3] See Daniel W. Bromley& Michael M. Cernea 书，6.

[4] See Daniel W. Bromley& Michael M. Cernea. The Management of Common Property Natural Resources: Some Conceptual and Operational Fallacies [A]. The World Bank. World Bank discussion papers [C], 1989, 57: 7.

[5] See Daniel W. Bromley& Michael M. Cernea 书，10.

nis）客体，或者作为不属于任何人所有的、开放获取（res nullius）财产；二是公共财产所有权在本质上是一种为群体而存在的“私人财产所有权”，当群体的规模超出公共财产所有权能够承受的界限时，由群体决策是否将超出的人员排除在享有权利的成员之外。但是，当周围的政治、文化、经济等因素导致无法排除多出的人员时，新增成员实际上侵蚀了原有成员的资本。在此情况下指责共同所有权不能创设私人所有权是荒谬的。三是当对多余个体的驱逐必然使被驱逐者挨饿或者饿死的程度时，享有公共所有权的群体不情愿驱逐多余个体，而是同意降低自己的生活标准。如果私有化只是单纯意味着驱逐多余社会成员，并使之向诸如城市贫民窟或者其他公共财产地带转移，将私有化作为解决问题的方法是令人怀疑的。

第四，服从、被权威系统保护、支持是任何一种财产制度生存的条件。公共所有权代表着对该资源享有所有权的群体的私人所有权，非成员均被排除在对财产的利用和决策之外，并且每一个成员都被共同接受的规则约束，同时具有权利和义务。一个可行的共同所有权制度自身即具有经济的和非经济性激励的内部结构，鼓励成员与现存的惯例和制度保持一致。掠夺自然资源并非唯一激励。

第五，开放获取制度之下的资源归属于第一个对其实施控制的一方。当重要的自然资源对首先可实施占有的一方当事人具有利用价值时，要么是这些自然资源从未被纳入系统的社会管理制度之中，要么是由于先前的集体或者私人财产权制度或者管理制度被替代而产生的制度失灵原因所致。[1]

（三）关于公共领域所有权的公私法属性

澳大利亚国立大学学者伊恩锡恩在《在公众领域作为政策和理

---

[1] See Daniel W. Bromley& Michael M. Cernea. The Management of Common Property Natural Resources：Some Conceptual and Operational Fallacies［A］. The World Bank. World Bank discussion papers［C］，1989，57：19－20.

解工具的所有权：趋势和研究议程》一文中关于公共领域所有权五大发展趋势的分析，实际上是对公共领域所有权复合权利属性的一种承认。在伊恩锡恩看来，公共领域的所有权首先是一个政策工具，同时也是一个行动的工具和分析的工具。作为行动的工具，政府可以借其实现政策目标和目的；作为一个分析工具，它是揭示和理解国家、管理和政策的基础。❶ 公共所有权所呈现出的五大发展趋势能够证明公共所有权权利的复合权利属性：

1. 从“作为监管的所有权”到“所有权和监管”

公共领域的所有权最初是一种管制的模式，是所有权与监管的融合，使政府既具有从内部控制企业和资产的权利，同时也使其具有在外部管制与企业和资产相关活动的市场和社会力量的机会。由于所有权与监管的融合最容易涉及垄断，因而其不可避免地让位于更现代化的、合理区分所有权与监管的专业化形式，即“掌舵”与“划船”相分离。

2. 从“公法所有权”到“私法所有权”

在公共所有权领域建立组织的法律基础既可以是公法，也可以是私法。20 世纪 80 年代以前，公共领域中的组织均依据公法而成立，由此也决定了他们的正式结构和官方身份。行政决定、命令、法令等，以及宪法、法规和从属立法通常作为公法法律工具而被使用。因此，这一时期公共领域的所有权体现为公法所有权。20 世纪 80 年代之后，许多政府开始越来越多地转向私法，成立公司，以符合公共利益的方式拥有和管理、生产、供给财产。由此，政府可以通过合同协议实现目的，而不是像与法定团体相关的通常程序中发出指令那样，确保他们履行社区服务义务。

3. 从“所有权支出”到“所有权回报”

许多国家的公共所有权是通过规划和资助大规模的工程计划而

❶ See Ian Thynne. Ownership as an instrument of policy and understanding in the public sphere：trends and research agenda［J］. Policy Studies，2011，32（3）：183 – 197.

进行的大规模公共支出，而此类基础建设项目通常由税收和大量借款组成的公共财政支出，很少完全通过消费者或用户付费方式收回投资，不可避免地导致了大量公共债务的积累和相当大的预算赤字。到20世纪80年代初，由于大多数国家的公共所有权支出已达到不可持续的水平，国家对公共所有权开始从关注支出转向关注回报。由此，政府开始意识到公共企业需要具有商业可行性和有效性，开始通过剥离公共企业获得即时回报，并尽可能地以最有可能满足这种需求的方式组织和运行。[1] 特别是当公司的所有权由公共所有权与私人所有权混合而成时，政府对回报的关注变得更加重要，因为无论政府的预期是什么，私人投资者都期望健康的股利和资本收益。此外，创建和使用国家所有的主权财富基金亦是政府关注所有权回报的一个方式。[2]

4. 从“限制所有权”到“扩张所有权”

公共所有权的中心原则一直是，公众掌控的公共企业和资产由国家成员以集体资格而拥有。它可适用于一国之内按照宪法和法律权力的正式划分的所有层级的企业和资产。这些成员包括被任命为部门企业的政治首长，为法定企业分配监督和指导职责的人员，以及指定为公司企业股东的人员。这些安排使相关成员表面上代表公众并符合公众利益，但结果实际上是使公有所有权成为政府所有权。在过去三十年里，这种类型的受限制的所有权越来越多地伴随着扩展所有权安排。它们涉及股权和利益相关者，这些股权和利益相关者有时在形式上是相互关联的。作为各种剥离举措的结果，所有权通常变成公共所有权与私人所有权的混合，而不是单独的私人所有

---

[1] 剥离公共企业获得即时回报已成为已知的公共所有权的最好回报。See Ian Thynne, “Ownership as an instrument of policy and understanding in the publicsphere: trends and research agenda”, Policy Studies, 2011, 32 (3): 189.

[2] See Ian Thynne, “Ownership as an instrument of policy and understanding in the publicsphere: trends and research agenda” Policy Studies, 2011, 32 (3): 189.

权，通常的私人所有者包括个人和机构投资者的组合。[1]

5. 从“所有权，所有者和管理者”到“所有权，委托人和代理人”

在公共所有权之中的“所有者——管理者”关系对于公众手中的企业和资产的效率和有效性至关重要。它在某种程度上与私人领域的所有者和管理者之间的关系类似，但公共政策决定和政治环境自然对其结构和条件具有非常大的影响。[2] 这种关系取决于企业结构和活动中的政策组合和经营自主权的模式，以及政治控制和问责制的形式。然而，在过去30年中，这种关系被重塑，并且突出了利益在其结构和动力中的地位。所有者和管理者已变为委托人和代理人，具有与以前大体相同的责任，承诺和义务，但是需要更大和更协调的努力，需要被放进对关系进行管理和效力增强的方式之中。

简而言之，公共选择理论把政府和社会治理机构的个体描述为自我利益最大化的实现者，这些个体利用他们为之工作的组织来实现自己的抱负和目标，甚至不惜与其所在组织所期待的行为和目的相冲突。这种理性选择的自我扩张基础由代理理论给予特定的关注。后者直接集中于委托人和代理人之间的关系，以及委托人可以通过代理人实现自己的需要和目标，而不是代理人服务于他们自己的利益。公共企业中所有者管理者关系的主要代理基础包括有时可能彼此不相兼容的激励，机会和挑战。它们体现在涉及监管、私法、财务回报、股东和利益相关者的主要趋势中。[3]

---

[1] See Ian Thynne 书，190.

[2] It has been so in ways that are similar to the relationship between owner and manager in the private sphere, but naturally very much structured and conditioned by public policy decisions and political circumstances.

[3] See Ian Thynne, “Ownership as an instrument of policy and understanding in the public-sphere: trends and research agenda”, Policy Studies, 2011, 32 (3): 190.

（四）宪法所有权与民法所有权的关系

与我国学界围绕宪法所有权与民法所有权关系所进行集中讨论较为类似的是，印度尼西亚共和国国内学界和实务部门也曾围绕宪法第 33 条[1]所使用的“国家控制”用语而就宪法所有权与民法所有权的关系进行激烈的论争。哈伦阿拉希德（Harun Alrasid）教授在《电力法》一案的听证期向法院提供的证词中认为，《宪法》第 33 条及正式宪法释义中的“国家控制”应解释为由国家“所有”，而国有企业部部长在其提交的书面意见中认为，“由国家控制”应解释为“由国家监管、促进和经营”，但是要“向国家仅仅监管和促进的方向不断发展”，[2] 最终印尼宪法法院给出的权威观点是：宪法第 33 条规定的国家控制不仅仅是民法意义上的对重要生产部门的所有权，因为“国家控制”存在于“公法、政治民主和经济民主”的《宪法》框架之内，印尼人民拥有最终的决定权力，进而对这些生产部门拥有集体所有权。[3]

由于民法上的“所有权”概念自身并不必然提供《宪法》序言中所规定的人民福祉或者社会公正，因而它是不全面的，主要理由是：国家控制的概念是与宪法之中所坚持的人民主权原则相关的一个公法概念，根据“民有、民治和民享”原则，既然人民被承认为国家最高权力的来源和持有者，则国家控制的概念之中即包括人民所享有的公共的集体所有权；如果“由国家控制”仅仅意味着民法意义上的所有权，那么这种控制并不足以实现“人民的最大利益”，从而导致宪法释义中所阐释的“促进人民福祉”和“为印尼全体人

---

[1] “对国家重要的以及影响人民基本生活的生产部门，应当由国家控制”，“土地、水及它们蕴藏的自然资源应当处于国家权力的控制之下，并且应当来实现人民的最大利益。” See T. Lindsey. Indonesian Constitutional Reform: Muddling Towards Democracy, Singapore Journal of International & Comparative Law (2006) 6: 244.

[2] Electricity Law case at 332.

[3] 转引自［英］艾琳·麦克哈格等主编：《能源与自然资源中的财产和法律》，胡德胜，魏铁军等译，北京大学出版社 2014 年版，第 337 页。

民实现社会正义”的任务不可能实现。据此，民法上的所有权是国家控制的一种符合逻辑的结果，它还包含着人民对这些自然资源资产的来源的集体公共所有权，因而不能将“由国家控制”仅能解释为政府的监管权利。即使“由国家控制”这一短语并没有包括在第33条之中，政府也会拥有固有的监管权力。[1] 据此，由国家控制自然资源，不仅意味着国家对自然资源具有民法所有权意义上的控制，还包含着国家运用监管权利所实施的控制。

（五）自然资源国家所有权公共性实现的具体途径

1. 公法路径

（1）对代表行使国家所有权的政府实施正式和非正式层面的立法约束。在美国，纽约州宪法中的“永久野生”条款明确承诺将阿迪朗达克森林作为一个原野进行保留，并且该森林的此种专门使用不得被取消，除非通过宪法修正的方式废除该条款。同样，诸如创建公共公园的相关规定，将被解释为没有具体的法定授权不得改变，并且该森林保护区附有自己的土地使用守则和法规，政府行为亦受前述自治限制的约束。最常见的情况是，政府根据限制土地用途的契约获得了对土地的占有，政府实际上是以受托人的资格实施捐赠人所希望做的行为。新英格兰早期的法律将部分水域的承载土地留存为“大池塘”，保证人们对水资源的一般使用和自由、平等利用。[2] 政府在为社区普遍利益而管制水资源利用方面，具有义不容辞的义务，从而考虑资源所包含的公共性质以及自然性质之间的相互依存关系。[3]

---

[1] 转引自［英］艾琳·麦克哈格等主编：《能源与自然资源中的财产和法律》，胡德胜，魏铁军等译，北京大学出版社2014年版，第337—338页。

[2] See Joseph L. Sax. “The Public Trust Doctrine in Natural Resource Law: Effective Judicial Intervention”, Michigan Law Review, Vol. 68: 484.

[3] See Joseph L. Sax 书，485.

（2）从公法角度界定宪法所有权：最高支配权和监管权。阿根廷的路易斯·艾丽兹教授认为，新《宪法》第124条把国家最高支配权视为原始支配权，国家最高支配权这一概念更多地被认为源于公权力，而不是一种完全的财产权；它指的是主权者制定和阐释适用于私人主体的规则的权力（不过，国家最高支配权要受到宪法所赋予私人主体的保障的限制）。[1] 这种“原始的”或者最高支配权不是被作为财产权而授予的对物权；对地下石油和天然气资源的这种权利是准许对油气资源的提取和开采活动实施一种广泛监管以及准许依据产量收取费用或矿业特许税费的权利的基础，但国家同时拥有对自然资源的最高支配权和开采自然资源的权利。莫里诺（Morineau）认为，地下资源直接归国家所有，而不是将国家最高支配权解释为间接权利并允许将这些权利赋予私人主体并等同于完全的财产权，即使私人主体开采资源要受到很多条件的限制；不能将开采权同化为对物权，否则会妨碍国家在未来对开采权予以变更。

2. 私法路径

关于自然资源国家所有权公共性的私法实现问题，国外主要通过三种途径予以解决：第一，对宪法所有权实施扩张解释，使民法所有权包含在宪法所有权之中。前述印度尼西亚共和国宪法法院即是通过对《宪法》第33条的扩张解释，将政府监管权和民法所有权同时纳入宪法层面的国家所有权之中。第二，直接赋予特定群体以用益物权。创设在印度西孟加拉邦的树木发展协会系由无土地者群体或者被授予在一大块公共土地边缘地带植树权利的农民组成，虽然该协议的成员没有被授予对土地的所有权，但该组织却被授予了

[1] 阿根廷的《烃类能源法》第1条赋予联邦政府以国家最高支配权，将其作为国家对地下石油和天然气资源（储藏）所享有的“不可剥夺的和非依时效取得的”财产；该国《宪法》将国家最高支配权解释为原始支配权。

对土地的用益权和保有其产品所有权的权利。[1] 第三，借助内部自我调整机制确保其成员的平等利用权。公共财产所有权在本质上是一种为群体而存在的“私人财产所有权”，对于哪些人将被排除在享有权利之外的事宜应由群体决策。当对多余个体的驱逐必然使被驱逐者挨饿或者达到饿死的程度时，享有公共所有权的群体不情愿驱逐多余个体，而同意降低自己的生活标准时，应尊重群体成员的意思自治。

五、国外自然资源国家所有权研究中国立法的启示

（一）国家对自然资源所享有的永久主权是民法所有权的母权

尽管阿根廷、印度尼西亚等国家的学者关于国家所有权问题的探讨时并未使用国内学界所惯用的宪法所有权这一用语，而是使用了国家最高支配权、公共所有权、控制权和监管权原始支配权等具有强烈国家主权色彩的用语，但国家在国际法层面对自然资源所享有的主权性权利必然要通过本国的宪法宣誓这一权力。因而，国外学者使用前述术语所进行的探讨，实际上与国内学界关于宪法所有权与民法所有权的探讨具有异曲同工之妙。

本文基于四方面的理由认为，国家主权或者宪法所有权为民法所有权的母权：一是国家是国际法的主体，国家对自然资源的永久主权已经蕴含了对自然资源的原始所有权。二是国家对自然资源所享有的最高决定权意味着主权国在国内立法中有权自由决定对自然资源的产权归属，据此，国家对自然资源的永久主权是各类民法所

---

[1] Daniel W. Bromley& Michael M. Cernea. The Management of Common Property Natural Resources: Some Conceptual and Operational Fallacies [A]. The World Bank. World Bank discussion papers [C], 1989, 57: 11 -12.

有权的母权。三是西方自由主义财产概念坚持对政治权力与私有权力予以区分，认为财产概念是从公共角度勾画私有范围，而且在这（样）做的过程中，对财产的政治权力进行私有化并因此予以隐藏。[1] 四是作为权力的财产的观点与作为主权的财产的观点紧密相关，格劳秀斯将主权视为财产："在主权是一种完整财产权的国家，它包括对土地和人民的所有权以及任意处分它们的权利。"

（二）自然资源之上的物权设置不得损害社会公众的原始使用权

英美法系和大陆法系国家非常重视社会公众对自然资源所享有的原始使用权等"自然权利"的保护，英美法系的公共信托制度以及大陆法系国家的公产制度即是用来保护社会公众对自然资源所享有的原始使用权的制度设置。本文认为，自然资源国家所有权的相关制度设计，至少应考虑如下内容：一是自然资源所在地的居民应否对自然资源的开发利用享有以及在何种（多大）程度上享有此种特别的利用权；二是该自然资源是否是社会成员生命的保存要求所必需的资源，如果该资源对于社会成员生命保存极其重要，或者其他社会成员对该资源具有"无害使用"（innocent use）权，则全体社会成员对该自然资源的原始使用权不可剥夺；三是该自然资源的稀缺程度，自然资源过度丰裕的社会无需"所有权"；四是社会成员对于获得舒适生活所不可或缺的自然资源的必需权，是否可通过公平价格购买得以实现。如若用于满足舒适生活所不可或缺的自然资源可通过公平价格购买，则应允许此类资源之上设立私人所有权。

（三）自然资源利用应当尊重其自然目的和已设定的用途

萨克斯教授关于公共信托理论在美国各州发展嬗变历史的系统

---

[1] See M. Dvies, Property: Meanings, Histories, Theories, lodon: Routledge - Cavendish, 2007: 10 - 12.

考察显示，各州法院在涉及改变自然资源用途的公共信托案件中，最基本的立场是：国家通常不会以减少公共使用的方式转移信托财产，具有公共用途的自然资源不应服务于私人投资和商业建设项目；[1] 国家也不得为了商业用途或者商业利益而对海滨、湿地等进行填海造地，即必须把湖泊当作湖泊进行使用（a lake is being used “as a lake.”），未按照自然资源的自然目的而使用自然资源的任何政府行为都应当受到司法审查。[2] 反观我国，在对海域、山脉等自然资源开发使用方面，多有违法之处，比如海域的填海造地、将邻山的部分区域进行商业地产开发，不但永久性地改变了自然资源本来的用途，而且还将改变用途后的资源用于商业目的，很难说国家所有权的此种行使方式符合公共利益。

（四）自然资源产权制度设置应重视资源地区人民的参与和监管

国内研究国家所有权的论者在分析相关制度的缺陷时，几乎都毫无例外地将之归因于所有权主体虚位或者缺位。与私人所有权——特别是个人所有权相比，国家所有权确实存在着主体虚位的问题，但该缺陷并不必然需要通过分级所有权或者更极端的私有化方式加以补救。正如前述世界银行的顾问 Daniel 等人的研究所显示的，在许多发展中国家，存在于公共领域（或者非私有土地）的一些资源被作为公共财产（common property）而由公共部门进行管理，事实上，这些资源却根本没有被管理，而是由公众自由获取。

（五）公物类自然资源物权的转让不得对公共利益造成实质性损害

区分国家公产与国家私产是两大法系国家在国有资产管理方面

---

[1] See Joseph L. Sax 书，494.

[2] See Joseph L. Sax 书，565.

实质性存在的通行做法，英美法系国家通过公共信托制度调整的自然资源实质上就是大陆法系国家的国家公产。依照公共信托理论，处于公共信托制度笼罩的自然资源并未绝对的不得让与，而是阻止纯粹为了私人目的之授予。在符合下述两个例外规则的前提下，公产类自然资源物权可以转让：第一，如果私主体对公共信托资源的使用，更有利于促进公众利益，那么政府可以将公共信托资源转让给私主体；第二，政府转让公共信托财产，并没有对“公共利益造成任何实质性的伤害”。[1]

A Research Summary on the Realization of Publicity for State Ownership of Extraterritorial Natural Resources

Guo Jie　Guo Yunfeng

Abstract: Since the middle of the 20th century, the state ownership system of natural resources has begun to break through the barriers of purely political ideology and has become a universal choice for legislation in all countries of the world. On the issue of the exercise of the state ownership of natural resources, in addition to the natural law scholars', set up the natural resource real right can not damage the original right to use of social members, there is also the interpretation of the state's highest control rights including civil law ownership and regulatory rights.

Key words: Natural resources, national ownership, nature of rights, evolutionary trend, original use right

[1] 转引自王灵波：《美国自然资源公共信托制度研究》，中国政法大学出版社 2016 年版，第 52 页。

【学术新声】

论以 Moot Court 赛事为依托开发综合性国际商事法律实验课程体系

尼　雪[*]　李闰甜[**]　李昕伦[***]

内容摘要：通过解读虚拟仿真实实验项目在法学领域的意义，说明利用 Moot Court 赛事作为虚拟仿真实实验项目，对于培养解决涉外商事领域争议的专门性人才的价值。探讨如何利用 Moot Court 赛事实现涉外商事领域人才培养，针对此类虚拟仿真实实验项目目标设计开发综合性国际商事实验课程体系，以及探索如何在新的课程体系中应用新的、能够对接 Moot Court 赛事的教学方法和教学资料库的建立问题。

关键词：Moot Court 赛事　涉外商事法律人才培养　国际商事法律　实验课程体系　苏格拉底式教学法

---

* 尼雪，辽宁大学法学院讲师，法学博士，研究方向：国际法学。

** 李闰甜，辽宁大学民商法专业硕士研究生，研究方向：民商法学。

*** 李昕伦，辽宁大学国际法专业硕士研究生，研究方向：国家法学。

一、Moot Court 赛事[1]与法学领域的虚拟仿真实验项目

（一）虚拟仿真实验项目在法学领域的运用

目前法学领域的虚拟仿真实验项目，也就是通常法学实验教学中所称的“实训”，是指以法律职业实务中涉及的真实案例为素材，利用学校的实验教学条件模拟相应的真实法律职业人从业环境，在老师的指导下，学生通过参与式、操作式、扮演式、体验式学习，发现、验证、描述法律领域的普适性知识，体验法律实务运行规律，解决案例中的法律问题，提高法律职业能力，形成准法律职业直接经验，产出相关法律知识成果的过程。[2]表现形式是依托于各大法学院法律实训中心开展的模拟法庭与仲裁庭。法学院培养法律人才主要是为公、检、法及律师行业输送人才。针对这一目标，在课程中设置模拟法庭教学，由学生担任检察官、法官、律师、仲裁员、当事人、证人等多种角色，使学生在学习阶段能够真实感受、体验未来职业环境与职业心理，[3]培养学生将课堂学习的理论知识应用于法律事务当中的职业法律人素养。

法律实训课程的出现与国家“卓越法律人才教育培养计划”密不可分。2011 年教育部、中央政法委发布《关于实施卓越法律人才教育培养计划的若干意见》（以下简称《意见》），这是新中国成立

---

[1] Moot Court（模拟法庭）是英美法系法学院普遍采用的专业课程教育活动，是法律实践教学的重要方式，是法学院学生培养法律分析能力、法律文书撰写能力和口头辩论能力，熟悉和掌握法庭审判程序、诉讼及仲裁规则的重要平台。本文所指的 Moot Court 赛事特指与国际商事模拟仲裁庭相关的赛事活动，主要提及 Willem C. Vis International Commercial Arbitration Moot、Willem C. Vis East International Commercial Arbitration Moot、Moot Shanghai、“贸仲杯”四大赛事活动。

[2] 王均平：“法学实验教学相关概念的界定及其应用”，载《高等教育研究》2012 年第 9 期。

[3] 张爱军：《高等法学教学实验室建设研究——兼论阶梯型实践性互动式教学法在法学教育中的应用》，载《重庆大学学报（社会科学版）》2006 年第 2 期。

以来教育行政主管部门颁布的第一个关于法学高等教育的专门指导性文件。《意见》中把对于卓越法律人才的培养目标定位“应用型、复合型法律职业人才”“涉外法律人才”以及“西部基层法律人才”三种，并提出分类教育培养模式及创新人才培养模式。为探索法律人才培养的新模式，开启大规模法学实践教学基地建设。作为最早的五个由教育部和财政部批准的国家级实验教学示范中心建设单位之一的辽宁大学法学教学综合实训中心，在法学实验中心建设中一直处于领军地位，开设了大量以培养复合型、应用型人才为目标的实训课程，力求使法学教育能够适应多样化法律职业要求，使学生法律实务技能得到强化，使学生运用法学与其他学科的知识、方法解决实际法律问题的能力得到提高，从而促进法学教育与法律职业的深度衔接。

实训课程设置的最终目的是实现对传统具有学术偏好的理论讲授型教学模式进行改造，使大学法学教育能够满足培养“应用型、复合型、创新型”法律职业人才的实际需要，使法科生在法学院学习期间不仅能够形成关于法律职业理念、法律基本概念、法律运行规律的认知，也能够培育出法律职业从业素养以及作为法律职业人应该掌握的法律实务技能。

（二）利用 Moot Court 赛事作为涉外法律人才培养虚拟仿真实实验项目的缘起

现有实训课程体系以及对应的虚拟仿真实验项目的设置大多定位于服务《意见》中对于应用型、复合型法律人才的培养目标。目前法学院校设置的虚拟仿真实实验项目多为三大诉讼法学课程的辅助性教学。以辽宁大学法学院国家级实验教学中心为例，2018 年度，中心面向 5 个法学各层次专业、在校学生 775 人开放。实验项目资源总数 882 个，年度开设实验项目数 863 个，年度独立设课的实验课程 20 门，包括针对律师、法官、检察官、刑事司法人员不同类型法律职业者的不同职业技能的实训内容和虚拟仿真实验项目。现有的体系一方面能够充分满足不同层次的实训教学需求，有力地提高了学生的实践能力和创新能力；另一方面，从中心的定位到现有的课程体系和实验项目的设置都体现了《意见》中立足于培养具有高尚的法律职业道德和职业操守的，具有突出的法律实务操作能力和法律应用能力的，服务社会主义经济社会发展所需的有理想、有本领、有担当的高素质、应用型、复合型法学人才的目标。[1]

然而，如前所述，《意见》中除了涉及应用型、复合型人才培养，还提到了培养“涉外法律人才”这一目标：“把培养涉外法律人才作为培养应用型、复合型法律职业人才的突破口。适应世界多极化、经济全球化深入发展和国家对外开放的需要，培养一批具有国际视野、通晓国际规则，能够参与国际法律事务和维护国家利益的涉外法律人才”。随着全球化经济一体化程度的不断加深，对外交往的不断扩大，信息、资源、资金、人才在全球的快速流动和跨国交流合作的日益密切，法学教育也应当顺应这一趋势为解决日益增加的不同性质及层面的涉外法律争议培养和输送合格的涉外法律人才。这就要求法学教育和法律人才的培养要有前瞻意识和全球视野；同时，也要求法学教育要能够为中国参与国际规则的制定培养法律人才。[2] 前商务部条法司副司长、清华大学法学院教授杨国华对于涉外法律人才应具备的基本条件曾有过这样的论述：一是具有国际知识和视野，以及良好的英语水平；二是具有法律知识。前者强调的是涉外法律人才应具有跨地区跨法律文化交流的能力，外语水平不仅能够达到听、说、读、写，还必须对所从事特定领域的不同的国际法律事务上的专业用语十分熟悉，否则，难以参与国际会议或与客户及外国的司法机关、仲裁机构的工作人员进行有效交流。而后者则要求涉外法律人才要掌握相关国际条约、惯例及有查阅和正确

[1] 摘自辽宁大学法学院：2018年《国家级实验教学示范中心年度报告》（内部资料）。

[2] 刘仁山：《全球化背景下法律人才的培养问题》，载《法律科学（西北政法大学学报）》2011年第2期。

理解外国法的规定的基本能力。由于涉外法律事务本身涉及不同领域，各领域对于在本领域从业的涉外法律人员的专业方向和技能的要求也各不相同，因此需要在培养涉外法律人才时明确培养方向并根据功能定位来构建课程体系和实验项目。

涉外法律人才根据其从事的领域和所需专业知识的不同，可以主要分为以下五类：国际法律规则制定的参与者、国际法律理论变革的引领者、全球公共事务管理的决策者、涉外法律纠纷的裁决者以及涉外法律服务的提供者。[1] 其中前三类涉外人才更偏重于对于国际法理念和全球治理公共事务的理论研究能力，而后两类人才则更侧重于解决涉外民商事纠纷的能力，也具有更广阔的就业市场和更普遍的需求性。对于涉外法律人才的培养也应更加侧重于这两类。由于这两类人才兼具涉外法律人才和应用型法律人才的特质，因此利用 Moot Court 赛事作为虚拟仿真实实验项目，将其纳入对于这两类涉外法律人才的培养计划，并根据赛事对于学生在国际商事领域中综合性能力的要求，针对比赛过程中学生显露出来的法律知识及专业技能和素养上的欠缺及不足，来设计开发综合性的、建构在运用国际商事实体、程序乃至冲突规则上的国际商事实验课程，是目前最为可行的对于这两类涉外法律人才进行培养的途径。

二、从 Moot Court 赛事看涉外商事纠纷解决型人才的培养要求

（一）关于四大国际商事仲裁 Moot Court 赛事

四大国际商事仲裁 Moot Court 赛事是指 Willem C. Vis International Commercial Arbitration Moot（简称 Vis Moot），Willem C. Vis East International Commercial Arbitration Moot（简称 Vis East），Moot Shang-

[1] 毛俊响：《国际化卓越法律人才的功能定位》，载《现代大学教育》2012 年第 3 期。

hai 国际商事模拟仲裁庭上海邀请赛（简称 Moot Shanghai）和“贸仲杯”国际商事仲裁模拟仲裁庭辩论赛（简称“贸仲杯”）。

Willem C. Vis International Commercial Arbitration Moot（简称 Vis Moot）由联合国贸易法委员会与维也纳大学联合举办，是世界上历史最为悠久和最负盛名的模拟法庭赛事之一，比赛目标在于培养通过仲裁或其他替代性争议解决方法解决国际商业纠纷的未来法律领导者。

Willem C. Vis East International Commercial Arbitration Moot（简称 Vis East）由 Vis East Moot 基金会、皇家特许仲裁员协会东亚分会与香港城市大学法学院联合主办，与 Vis Moot 互为平行赛事，二者共用一套案件问题与仲裁规则。

Moot Shanghai 国际商事模拟仲裁庭上海邀请赛（简称 Moot Shanghai）由华东政法大学、上海政法学院主办，上海国际仲裁中心、上海市律师协会、国际商会仲裁院共同举办，是中国境内唯一一个有境内外高校参与的中国品牌模拟仲裁庭比赛，适用 Vis Moot 的赛题与赛制。Moot Shanghai 为邀请赛，只有受到邀请的大学队伍才能参加比赛。截至 2019 年 3 月 Moot Shanghai 已经成功举办九届。

“贸仲杯”国际商事仲裁模拟仲裁庭辩论赛（简称“贸仲杯”）是中国国际经济贸易仲裁委员会（以下简称“贸仲委”）组织的、面向全国各大学法律专业方向学生开放的国际商事仲裁模拟仲裁庭辩论赛。贸仲杯同样采用 Vis Moot 的赛题与赛制。对于取得冠亚军的队伍，贸仲委将赞助他们分赴在奥地利维也纳举行的 Vis Moot 和在香港举行的 Vis East。到 2018 年 11 月，贸仲杯已经走过了十六个年头。

四大赛事虽然由不同的组织者举办，但同一届赛事使用的都是 Vis Moot 的赛题与赛制。从比赛时间看，贸仲杯比赛最先开始，然后是 Moot Shanghai，再后面是 Vis East，最后的巅峰对决则是在维也纳展开。通常报名参加 Vis Moot 的国内队伍，也会同时报名其他几个赛事中的一个乃至全部来作为参加巅峰对决 Vis Moot 的练习赛。

四大赛事均按照 Vis Moot 的赛制要求分成两个阶段进行，并全程使用英语。参与赛事将拓展学生的视野、加深他们对于国际法律实务的理解。通常赛事中的仲裁员由来自世界各地的律师事务所、仲裁机构、跨国公司、高校及使领馆的律师、仲裁员、法律顾问、学者担任，这为参赛学生提供了一个很好的了解国际商事法律事务的交流平台。参赛学生通过在赛事中展示自己的才华，与这些专业人士面对面交流，可以为将来从事涉外法律打下良好的基础，比赛中表现优异的选手甚至在比赛后有机会获得一些由知名的律师事务所或跨国公司提供的实习机会。很多参赛学生就是通过这种方式踏入了涉外商事法律职业人的门槛。

（二）从 Moot Court 赛事看涉外商事法律争端解决型人才应具备的专业素养

Goal of the Moot：“The goal of the Vis Arbitral Moot is to foster the study of international commercial law and arbitration for resolution of international business disputes through its application to a concrete problem of a client and to train law leaders of tomorrow in methods of alternative dispute resolution.”

Structure of the Moot：“The business community's marked preference for resolving international commercial disputes by arbitration is the reason this method of dispute resolution was selected as the clinical tool to train law students through two crucial phases：the writing of memorandums for claimant and respondent and the hearing of oral argument based upon the memorandums—both settled by arbitral experts in the issues considered. The forensic and written exercises require determining questions of contract—flowing from a transaction relating to the sale or purchase of goods under the United Nations Convention on Contracts for the International Sale of Goods and other uniform international commercial law—in the context of an arbitration of a dispute under specified Arbitration Rules. In the pairings of teams for each general round of the forensic and written exercises, every effort is made to have civil law schools argue against common law schools—so each may learn from approaches taken by persons trained in another legal culture. Similarly, the teams of arbitrators judging each round are from both common law and civil law backgrounds. "❶

从这两段节选自 Vis Moot 官方网站对于举办 Moot 赛事的目的以及 Moot 赛事的进行方式和对参赛选手的基本要求的说明中可以看出：

首先，Moot 赛事的设立就是为了培养学生通过仲裁方式解决国际商事争议的能力。以仲裁而不是其他方式解决国际商事争议是因为在国际商事领域，以仲裁的方式解决国际商事争议有着其他方式所无法比拟的优势。与诉讼相比，仲裁无论是程序规则的选择，还是解决争议事实实体规则的选择都建立在充分尊重当事人意思自治的基础上，可以说以仲裁方式解决国际商事争议的基础就是当事人意思自治的结果。同时，因为纽约公约❷的存在以及其缔约国的广泛性，使得在任一缔约国作出的仲裁裁决都能为其他缔约国所承认与执行。与其他非诉争端解决方式相比，仲裁又具有与法院判决相同的拘束力。❸

其次，赛事对于选手英语的能力提出了很高的要求。这不仅仅是由 Vis Moot 本身作为国际赛事的特点决定的，更是每一个能够参与到国际商事法律活动中的法律职业人应具备的基本能力要求。基

---

❶ Pace Law School, About the Moot, 载 https://vismoot.pace.edu/site/about-the-moot, 2019 年 2 月 13 日访问。

❷ 1958 年 6 月 10 日在纽约召开的联合国国际商业仲裁会议上签署的《承认及执行外国仲裁裁决公约》(the New York Convention on the Recognition and Enforcement of Foreign Arbitral Awards)。该公约处理的是外国仲裁裁决的承认和仲裁条款的执行问题。纽约公约是目前国际上关于承认和执行仲裁裁决的最重要的公约，为国际商事仲裁在国际贸易和投资市场的广泛运用起到巨大推动作用，也使仲裁这一争议解决方式在国际上获得更广泛的认可。截至 2017 年 6 月公约已有 157 个成员国。

❸ Margaret L. Moeses, "The priciples and practice of international arbitration", Cambridge University Press, 2017: 3-4.

于这一点，哪怕是完全由国内大学队伍参加的贸仲杯也遵循着从赛题、相关文献资料、比赛用语均为英文的传统。这就要求参赛选手英语的听说读写能力需要达到相当熟练程度，尤其要熟悉国际商事领域中与实体法律规则和程序法律规则相关的法律英语（legal English）及与国际商事活动相关的商事英语（Business English）。可以说依托于 Moot 赛事的相关教学活动是沉浸型的外语教学模式。[1]

以第 26 届 Vis Moot 的赛题[2]为例，比赛中涉及的相关问题都需要运用、引申和发展相关国际法的原则、规则和制度进行论证，而这些国际法的原则、规则和制度的相关文献一般都是英文版本[3]，对其的理解和解释都需要良好的英文能力作为支撑。如果准备参加四大赛事最先开始的贸仲杯，从拿到赛题到比赛的准备周期大概为 6～7 周的时间。也就是说在这 6～7 周的时间里队员需要完成对于材料的阅读，赛题的分析，相关法律规则对于赛题的可适用性研究，然后写出需要提交的 memorandum 以及准备好上场需要的口语稿。这一阶段对于选手们的阅读能力和写作能力是极大的考验。不仅要求选手能够正确理解和分析材料，还要求其具备用英文书写诉状的能力；不仅要避免单词和语法的使用错误，还要保证语言使用的规范性和专业性。在比赛过程中，上场选手不仅要清晰准确地听清楚仲裁员提问、对手的观点，还要能够针对仲裁员的提问，流利回答仲裁庭员提出的问题和针对对手观点中的漏洞进行反击。也就是说，参赛

---

[1] 杨嵩棱：《法学国际赛事对涉外法律人才培养模式探析》，载《法治与社会》2015 年第 5 期（下）。

[2] 与案件事实有关的法律问题的材料详见 https：//vismoot. pace. edu/site/26th－vis－moot/the－problem2019 年 2 月 13 日访问。

[3] 26 届赛题中涉及的相关法律规则包括：*HONG KONG INTERNATIONAL ARBITRATION CENTRE ADMINISTERED ARBITRATION RULES* 2018，*IBA RULES ON THE TAKING OF EVIDENCE IN INTERNATIONAL ARBITRATION*《*UNCITRAL MODEL LAW ON INTERNATIONAL COMMERCIAL ARBITRATION UNIDROITPRINCIPLES OF INTERNATIONAL COMMERCIAL CONTRACTS*。

选手必须能够熟练准确地运用英文与对手及法官或仲裁员交流。

第三，要求选手对于与国际商事活动相关的法律规则有整体性的把握。这些规则即包括贯穿于国际商事活动各个环节（从合同到运输方式到保险到支付手段）的国际商事统一实体规范和国际商事惯例，还要了解国际商事仲裁的一般理论、主要仲裁机构的仲裁规则和联合国的示范规则。同时，对于各国国内法中调整涉外法律关系的冲突法的基本原理包括其中涉及公共秩序保留和强行法的内容，以及国内法（包括仲裁法和冲突法）对于国际商事活动法律适用可能产生的影响和作用的方式，要有明确的认识。总而言之，要能够把调整国际商事活动的国际条约、国际惯例、国内法规则放在一个框架中整体把握和运用。

第四，法律文献检索及运用的能力。Moot 赛事的赛题所涉及适用的法律规则与单纯的国内商事案件不同，要求学生会使用外文法律数据库进行资料检索，并且能够在资料的海洋中锁定赛题中具体案件事实涉及的具体法律问题的对应法律规则。还要能够为准确理解这些规则去进行法律调研，即查找具体法律规则的权威性解释或者相关的论文及案例。这些法律调研工作的成果将成为学生论点内在逻辑性的支撑和强化其说服力的保证。

最后，作为参加 Moot 赛事的选手还需要具备优秀的临场反应能力、理解能力、抗压能力。在准备过程和比赛过程中，参赛队员应快速准确地对仲裁庭的提问以及对手的观点陈述作出反应，找出回答问题的关键点和对方的漏洞，迅速击破。在比赛过程中应具备良好的心理素质，不能因为紧张的比赛而心态崩溃。另外，作为团队比赛，团队协作能力亦是不可忽视的一部分。良好的团队协作能力是比赛成功的重要部分，每个队员应该时刻记住这是团体赛，团队利益高于一切，关键时刻甚至需要放弃个人利益。

此外，在此类规格的国际赛事中，社交能力也是很重要的一部分，和其他名校交流，能提高学校影响力使得其他高校更好地了解我们，也可以向历史强队学习比赛经验，提高自身水平。同时，社交能力对于以解决涉外商事纠纷为未来职业方向的法科生而言亦是必备的职业素养。

三、以 Moot Court 赛事为依托的综合性国际商事法律实验课程群的设计

（一）开发综合性国际商事法律实验课程的必要性及可行性

鉴于涉外法律人才本身的高端人才属性，目前辽宁大学法学院采取的是精英化的培养模式。2017 年辽宁大学法学院正式启动涉外法律人才培养试点计划，主要培养方式是通过遴选具有较好的英语水平的学生组成卓越法律人才班。第一批卓越法律人才班的成员由 24 名 2016 级本科生组成，根据涉外人才的培养目标，在法学专业教学指导计划的基础上，增设以针对国际法律和提高英语能力为主的 330 学时课程。这些课程包括 180 学时英语强化训练系列课程，以中国学生较为薄弱的口语、写作为突破口，以雅思、托福英语相关能力要求为目标；开设双语国际法和比较法课程群：国际条约法（双语）、国际商法（双语）、比较公法（双语）、比较私法（双语）、比较刑法（双语），合计 150 学时。

从目前的卓越法律人才班课程群所涵盖的英语与国际法及比较法方向的课程来看，其内容主要以提高学生一般英语能力（Standard English），通过国际法与比较法双语课程群使学生了解这些课程里包含的一些专业用语，同时使学生了解其他国家的一些国内主要部门法与中国法律制度的差异性。这些课程彼此之间没有相互关联性，不以培养服务于某一特定领域的涉外法律人才为目的，当然也就没有对应的为培养某类涉外法律职业技能和专业素养而设立的实验课程。在现有的课程体系下，对于涉外法律人才的功能定位是不明晰的。是否可以尝试从涉外法律人才的功能定位出发，以培养特定专

业领域的涉外法律人才为目标开发设计课程体系。

辽宁大学法学院从2016年开始组队参加贸仲杯赛事，至今已有三届。今年第一次受邀以观察员的身份参加了Moot Shanghai，并将于2020年作为正式的参赛队伍受邀参加Moot Shanghai。而以Moot Court赛事作为可以利用的虚拟仿真实实验项目，并依托这一实验项目开发设计一套以培养解决涉外商事法律争议为目标的实验课程体系，将赛事与涉外法律人才培养目标建立对接关系，使Moot Court赛事成为检查学生在解决涉外商事争议上的综合实力的、进行实操演练的最终试验场。同时，应当针对比赛中学生暴露出的不足，吸取其他队伍的经验，不断完善现有实验课程体系，使其能够具有成长性，始终能够为培养符合时代发展的国际商事领域涉外法律人才这一目标服务。

（二）开发综合性国际商事法律实验课程的设计方案

新的综合性国际商事课程体系设置目标即为培养涉外商事领域争端解决人才，同时也应建构在现有的讲授课程及实验课程的基础上。也就是说，新的课程体系的设立不应与现有课程体系发生冲突与重叠，而应是对于现有课程体系的补充和完善，使之具有模块化的突出特点。这里的模块化指的是培养目标的模块化，这一课程体系的设置专门针对培养解决涉外商事争议的法律人才。同时，课程体系的设立要在教学方式上有所突破，使其能够实现Moot Court赛事对于选手能力培养要求，课程时间的安排要能够与赛程安排进行对接。

1. 关于实验课程设置、教学方式及数据库建设的构想

前文已经较详细地论述了Moot Court赛事中对于选手应具备的能力的基本要求。这些要求同时也是对于一名从事涉外商事法律实务的职业法律人从英语水平到专业知识到职业技能的基本要求。既然新的课程体系的定位是对现有的教学课程、实验课程以及卓越人

才班的课程体系补充和完善，同时兼具涉外人才培养目标模块化的功能，就应该一方面可以充分利用现有课程体系中已有的与培养涉外商事法律人才有关的内容；另一方面，补充完善现有课程体系中对于涉外商事法律人才培养目标无法实现的功能。

首先，现有课程体系对于英语能力的培养：本科教学中的英语课程主要服务于四级考试，而四级考试作为传统应试教育的一部分，在能否有助于提高学生英语能力方面一直备受争议。卓越法律人才班的英语课程主要以雅思为范本，可以帮助学生在听说读写方面有所进步，但其中涉及商事法律英语的内容非常有限。这就要求在新的课程体系中对于学生英语能力的培养更侧重于解决涉外商事纠纷中实际应用的专业语言，其中包括掌握涉外法律文书写作上的语言要求、格式要求和写作技巧。

在培养学生商事法律英语能力方面的实验构想是采用 Moot Court 赛事中的沉浸式教学法：在国际商事法律知识的整个课程中，采用英文原版教材，阅读英文原版的条约与惯例；在国际商事案例实训课上采用来自各大仲裁机构的真实的英文案卷、诉状、答辩状、裁决；在赛前模拟课上，从 memorandum 到口语稿的写作要求做到全英文。

其次，现有课程体系对于国际商事法律专业知识的培养与涉外商活动有关的教学内容，分散于由国际经济法、国际私法、非诉法律实训课以及卓越法律人才班的国际商法课程中，不以建构国际商事法律纠纷解决体系为目标，很难实现内容的整合。而其中卓越法律人才班的国际商法课程虽然为双语教学课程，但目前这一课程的教学内容并没有以服务于 Moot Court 赛事为导向。建议利用现有的卓越法律人才班的国际商法课程，实现国际商法领域从实体规则到程序规则乃至冲突规则，从国际法律规则到相关国内法律规则的知识体系部分的建构和整合，使学生了解各类国际商事规则在国际商事体系中所处的位置与所扮演的角色及发挥的功能。同时，为了配合学生专业英语能力的培养，将双语教材改为原版英文教材，将授课模式由讲授式转变为互动式教学，即将英文原版材料以专题的方式让学生进行提前阅读，并以 presentation 的方式呈现出来，然后，针对学生的 presentation 提出问题并展开讨论。

再次，现有课程体系对于解决涉外商事纠纷的职业技能的培养。辽宁大学现有课程实训课程体系中包含庞大的实训课程体系，有针对非诉法律实务的专门性课程，也有国际经济法、国际公法领域的实训课程。但目前还没有将国际商事法律部分作为一个单独的模块设立的实训课程。对于这一部分设立新的实训课程的构想是将实训课程分为两部分：一部分是配合国际商法课程的专门的案例课，这一部分可以纳入卓越法律人才班课程体系，作为卓越法律人才班的案例实训课程；另一部分则是为了对接 Moot Court 赛前准备，在完成队员遴选后专门设置的赛前辅导与训练课程。

案例实训课的教学方法，建议不再采用案例讲解的传统案例课的教学方法，而是改为苏格拉底式教学法。苏格拉底式教学法与案例教学法同为由 1870 年到 1895 年担任哈佛大学法学院院长的克里斯多福·哥伦布·兰德尔所创制。所谓苏格拉底式教学法，就是由教师持续不断地向学生提出一系列尖锐的问题，而不是讲解学生们已经研读的案例。“学生们一开始通常被要求陈述尽可能简洁的案情，争议事实和裁决所涉争议（issues）以及解决争议可能适用的规则。接下来，老师会抛出一系列问题，每一个问题都建立在学生之前的回答上。老师最终将关注仲裁裁决的理由，并通过层层假设和暗示，循序渐进的揭示仲裁庭作出裁决的思路。”[1]运用苏格拉底式教学法也是为了使学生适应 Moot Court 赛事的庭辩过程。仲裁员在庭辩中会随时打断选手的陈述进行提问，问题涉及案情、国际商法基础知识、各种规则及相关学说等。苏格拉底式教学法，可以使学生形成问题导向的思维模式，并能够将案例中遇到的问题与所学的

[1] Tracey E. George Suzanna. Sherry, “What Every Law Student Really Needs to Know: Introducing New Law Students to the Study of Law”, Aspen Publishers, p. 9.

知识体系之间建立直接联系，在大脑中形成所学与所用之间的衔接关系，最终实现学以致用的目的。

建议在国际商事法律案例实训课程中选取真实完整的国际商事仲裁案卷作为案例实训课程使用的素材，以便学生可以了解真实的国际商事争议涉及的程序性、实体性规则和国内、国际不同层面的法律，以及如何运用这些规则去解决实际发生的国际商事争议；同时，学习国际商事争议中使用的语言以及涉外法律文书的写作格式和技巧。

最后，关于资料库的建设的重要性。无论是国际商事理论知识整合课程所需材料，还是案例实训课程涉及的具体案例乃至最后赛前准备部分需要的材料，都需要依托于完善的全英文资料库。资料库中的资料应涵盖：国际商事法律经典原版教材部分；国际商事法律涉及的国际法律规则部分，实体类诸如——*Unidriot Pricinples On international commercial contract*、*Incoterms* 2010、*CISG*（1980）、*CC hardship & force majeure Clause* 2003，程序类诸如——*UNCITRAL Model law* 以及各大仲裁机构的仲裁规则，冲突规则类诸如——*Principles on Choice of Law in International Commercial Contract*；国际仲裁案例库以及历年 Moot Court 赛事的资料；对于国际商法法律规则的注释性专著及涉及国际商事争端解决最新发展的相关论文。

国际条约与惯例英文原文部分可以在对应的官方网站中找到最新版本，各大机构的仲裁规则也可以在机构官方网站上查阅并下载。历年 Moot Court 赛事的资料一方面可以在各大赛事的官方网站了解，另一方面，也需要通过参与赛事进行积累。其他资料只能通过购买原版图书和购买相关的数据库来解决。目前辽宁大学法学院已经购买的英文数据库包括 West Law 和 Lexisnexis，并且 2019 年已开始试用威科国际商事仲裁数据库，基本上为设立综合性国际商事法律实验课体系解决了资料库建设方面的问题。

2. 与 Moot Court 赛事的对接问题

综合性国际商事法律实训课是依托于 Moot Court 赛事设立的，

以培养涉外商事法律争端解决人才为目标和功能定性，最终也要通过 Moot Court 赛事来检验课程体系的效果、不断完善课程体系的内容。如何实现实训课程体系与赛事即虚拟仿真实实验项目的对接，是课程体系设计的最后环节。

每年9月下旬 Vis Moot 会在官方网站上公布新一届的赛题。四个赛事中最新开始的是在北京举办的贸仲杯。比赛通常在11月中旬前进行，有6~7周的准备时间。接下来上海和香港的比赛都会在次年三月份先后举行。根据实际参与的赛事即贸仲杯和 Moot Shanghai 的赛程安排，Moot Court 赛前实训课的开始时间应该在每年的9月初开始。9月初到 Vis Moot 公布赛题这段时间，需要完成队员的第一阶段遴选工作。队员主要在参加过完整的国际商事理论知识整合课和国际商事案例实训课的学生中选择。在第一阶段的赛前实训课中，将以往届的赛题为蓝本，按照 Vis Moot 的赛制要求对学生进行 C 方与 R 方、程序与实体的分组和考查，要求学生提交 memorandum 和庭辩口语稿，由老师和相关专家作为仲裁员对于学生进行模拟比赛演练，确定并选出参赛候选选手。

第二阶段的遴选从拿到赛题开始。在这一阶段的赛前实训中，学生首先要完成案例材料的阅读，根据相关的案件事实（facts）找出案件争议点（issues）以及解决争议对应的法律规则并完成 presentation。之后，将对候选选手进行 C 方与 R 方、程序与实体的分组，并在分组后的一周内提交各组的 memorandum 和庭辩口语稿。随后将进入第一轮模拟赛事演练。在演练中，由指导老师和相关专家组成仲裁庭，候选选择按照分组代表 C 方和 R 方进行庭辩，庭辩过程完全依照 Moot Court 赛制进行。演练结束后，由指导老师针对演练中发现的问题对学生进行指导，学生按照老师的要求对口语稿进行修改和完善。同时，第一轮演练结束后初步确定正式队员人选。第二轮演练，方式与第一轮演练相同，经过第二轮演练需要确定上场选手和对庭辩口语稿进行定稿。第三轮演练也是最后一轮赛前演练，主要任务是使参赛选手了解赛场礼仪，比赛中应注意的细节和辩论中技巧的运用问题。

结语

Moot Court 赛事以近乎真实的国际商事仲裁实践促进了解决涉外商事法律争端的人才培养。学生通过参与 Moot Court 赛事以及依托于 Moot Court 赛事设立的国际商事实验课程体系，可以初步掌握了以英文作为法律工作语言的技能，这为学生将来从事涉外法律事务打下了牢固的基础。同时，学生在比赛中学会了查找及分析运用国际条约、惯例、一般法律原则、判例和权威学者学说的方法并熟悉了相关数据库的运用，这种法律研究能力正是涉外法律工作中必不可少的一环。

通过 Moot Court 赛事的平台，参赛学生熟悉了国际商事争端解决方式并提升了涉外法律文书写作技巧和口头辩论能力。同时，参加与涉外商事法律实务的紧密结合的 Moot 赛事，还能够使参赛学生们身临其境地感受涉外商事纠纷解决过程中的各个环节涉及的实际问题，这种经历可以帮助他们将来在真正从事与涉外商事活动相关的职业时可以迅速进入角色。

此外，在比赛中，参赛学生可以有机会从担任比赛法官或者仲裁员的律师、仲裁员、法律顾问、学者和官员处获得自身能力培养及从事涉外法律事务的职业规划等方面的专业建议。因此，支持和鼓励学生参加 Moot Court 赛事并依托于 Moot Court 赛事设立开发综合性的国际商事法律实验课程体系，对于实现以功能定性为导向培养涉外商事法律人才具有很强的可操作性和现实意义。

Development for Experiment Course System of Comprehensive International Business Law Based on Moot Court

Ni Xue　Li Runtian　Li Xinlun

Abstract: By interpreting the significance of the virtual simulation experiment project in the field of law, this thesis illustrates the value of using the Moot Court event as a virtual simulation experiment project to cultivate specialized talents who resolve disputes in foreign - related business fields. This thesis is aimed at exploring how to use Moot Court in order to realize the goal of a virtual reality experiment project in a foreign - related business field, how to design and establish a comprehensive international business experiment course system toward this goal and how the application of new teaching methods and the building of teaching databases that match Moot Court events can be explored in this new curriculum.

Key words: Moot Court Competition; Foreign commercial legal personnel training; International Commercial Law; Experimental Course System; Socratic Method